HOW ABRAHAM ABANDONED ME

Bejan Matur
HOW ABRAHAM
ABANDONED ME
İBRAHİM'İN BENİ TERKETMESİ

∾

Translated and introduced by
Ruth Christie
with Selçuk Berilgen

*Liam with respect
and affectie — June 2012
Ruth Christie*

ARC
PUBLICATIONS
2012

Published by Arc Publications,
Nanholme Mill, Shaw Wood Road
Todmorden OL14 6DA, UK
www.arcpublications.co.uk

Original poems by Bejan Matur
© Timaş Basım Ticaret ve Sanayi A.Ş.
www.timas.com.tr
Translation copyright © Ruth Christie 2012
Introduction copyright © Ruth Christie 2012

Design by Tony Ward
Printed in Great Britain by the MPG Books Group,
Bodmin & King's Lynn

978 1906570 00 2 (pbk)
978 1906570 01 9 (hbk)

ACKNOWLEDGEMENTS
Some of the shorter translations in this book were previously
published in *Transcript*, Issue 30 'Poetry from Turkey'.
Poems in Turkish are reproduced by kind permission of
Timaş Basım Ticaret ve Sanayi A.Ş.

Cover image: 'A tiger', from the Library of Congress
Japanese Prints and Drawings, Oliver Wendell Holmes Collection.
Reproduced by courtesy of the Library of Congress.

Supported by
ARTS COUNCIL
ENGLAND

'Arc Translations' series editor: Jean Boase-Beier

CONTENTS

IV
KAPLANLARIN ÇİZGİLERİ / TIGER STRIPES

TRANSLATOR'S INTRODUCTION

When Bejan Matur's first book of poems was published in Turkey in 1996, winning two prizes, it was hailed in the world of contemporary Turkish poetry as a 'breath of fresh air', innovative in language and content. A woman poet of Kurdish Alevi origin, born in Maraş and writing in Turkish, hers is a voice that is sometimes childlike, sometimes ancient and disturbing, drawing imagery from unfamiliar tribal sources and mythologies to tell a history of families disrupted and displaced, against a windswept landscape, 'a black rain' of decay and death, darkness and harsh desolation. Her first book was followed rapidly by three further collections, the last of which was published in 2002. Then the voice of the poetry went silent. She had other matters to attend to.

When an interviewer remarked that there had been no place in her poetry for everyday politics and asked what had urged her now to write on society and politics, she replied 'We owe a debt to our identity', and explained her decision to take an active part in debating the Kurdish question which she sees as one of the most serious problems that Turkey must try to resolve. For six years she was occupied as a columnist and media-figure, commenting on cultural and political events. Then she entered on a project which took her to various locations in and out of Turkey, to interview and record Kurdish men and women who had chosen to survive there. The resulting prose account was published in March 2011, and rapidly became a best-seller that sold some 40,000 copies within two months.

After six years of waiting and wondering, readers of her poetry were rewarded in 2008 by Metis's publication of Bejan Matur's latest and, some have claimed, her finest work. But this book is stunningly different in mood, tone and imagery from anything she had written before. It has given rise to many interviews that have tried to elucidate her particular personal use of Islamic references and imagery. Her own account of the genesis of *İbrahim'in Beni Terketmesi* is comparable in some ways to the familiar version of Coleridge's inception of his dream-poem, 'Kubla Khan' – only there was no 'person from Porlock' to rouse her from the trance-like condition in which the leading poem was written.

Recent interviews have revealed that, from time to time in the last few years, she was haunted by an impelling voice beyond her control. On her way to Beirut she cancelled her ticket and instead made straight for Urfa and Diyarbakır in south-eastern Anatolia – for her, 'places of poetry' and a sacred atmosphere. There she walked on the hills like a pilgrim and wandered among the excavations. ('I might have been an archaeologist if I hadn't studied law.'). And there the İbrahim poem arrived 'like a meteorite' and wrote itself. Diyarbakır in Ramadan was full of voices: 'Everything was talking to me like a melody, stones, trees, sky', asking to be put into words. The poem rapidly took shape in two visits but the voices stopped when she returned to Istanbul (her 'person from Porlock' perhaps?). Earlier poems had been a prelude, 'like tentative questions asked in a mother's womb' but in this book she felt she had found answers. These were her poems of growth.

Readers and reviewers used to the gothic and tribal imagery of her earlier pagan world of skygods and goddesses were baffled by this new world of Islamic references. Was she religious? Had she become an Islamic mystic? But she answered incisively, 'I'm not religious, I don't observe ritual, and I'm not a mystic.' Her search was philosophic, an endless spiritual quest to understand the nature of being and humanity's place in the cosmos – no small matter. She has established her own iconography based on the father-figure

Abraham and his story, central to the three major monotheistic religions; but the 'repertoire' of Islamic terminology is to be understood as symbols only in the world of her poetry. She has spoken of how she has 'purified' older concepts and given them a new life in her own and in her poetry. She believes that we may know a Divinity without religion. She often communes with her inner voice, her 'vicdan' or conscience, her guide.

I saw Allah. He was waiting in a hollowed-out tank
I entered the darkness of his soul and sat down.

For the poet, humankind can resolve problems, not with the mind alone, but by attending to heart and feelings. A new powerful concept has entered her recent poetry, that of 'aşk', or 'love'. Of course it was present before, in love of family, the mother, brothers, sisters, friends, lovers, but now it seems more comprehensive, more humanist. To what extent the poet has been influenced by her recent journey – her pilgrimage? – to the eastern mountains and her experiences there is an open question.

It may also be that the three main tenets of Alevi culture were ever-present at some deep layer of consciousness – love and support for all people, tolerance towards other ethnic groups, respect for working people. It is tempting to recall Turkey's greatest humanist poet, Yunus Emre, whose teachings must have deeply penetrated the Anatolian psyche. His poems sing of the heart, the place where understanding and divinity meet. With little knowledge of previous sources, the translators searched for an equivalent 'voice' for the short unrhyming lines of varied syllabic length, often with gnomic statements of considerable obscurity. Joseph Brodsky called translation 'a search for an equivalent, not a substitute.' In our search for a 'decent echo' we chanced upon an answer in

9

the rhythms of the opening section, a Creation story where simple phrases and repetitions fell happily into the prophetic mode reminiscent of sacred texts. That music set the tone and pace for the sections to follow. Faced with seeming obscurities we experienced the joy of surrender to waves of darkness illumined by lightning flashes of recognition, suggestive fragments of a collage, a surreal world peopled by lava-belching dragons, leopards, tigers, souls that climbed trees, djinns that weighed up humans, and man

> with his drooping shoulders,
> his dead-end life.

We were delighted to turn again to Jean Boase-Beier's note to the books in Arc's 'Visible Poets' translation series which assume that the reader is 'someone who wants to experience the strange, the unusual, the new, the foreign'.

Through our choice of words we have tried to foreground the paradoxical nature of Bejan Matur's poetry: the complexity of her thought and the simplicity of its expression; the broad vision of mankind's history and the story of an individual journey; the cosmic and the microcosm; the poet's awareness of immensities of Time and Space, of Becoming and Being; and the child's return at last to the Mother and the Home.

So it is for the reader to find their own passage through the 'eyes of bridges':

> My journey is complete.
> Every road I take with you
> back to the beginning
> when it meets with the very first happening
> then my journey will be done.

Ruth Christie

HOW ABRAHAM ABANDONED ME
İBRAHİM'İN BENİ TERKETMESİ

I
ADAM'S LONELINESS
ÂDEM'İN YALNIZLIĞI

YEDİ GECE

I

Ve ilk ayet indi.
Ve gece Allahın katındadır artık.
Ve taşlar
Ejderhanın ağzından dökülerek
Kurdular şehri.
Karanlık insanın karanlığından öteydi.
Lavların ve duanın bilgisi
Açtı sokakları
Ve binyılların acısı ve isteği
Yaşanır oldu.
Çocukların uzayından söz ettim ona
Çocuklukta Allaha ait olan yüzlerin
Nasıl karıştığından.
Hepimiz bir yüz oluştururuz kardeşlerimiz
Ve arkadaşlarımızla
Buna Allah ve melekler dahildir.
Çocukluğun uzayı
Sokaklarını şehrin
Sadece tanıdık kılmaz
Aşka yaklaştırır.
Benim 1001 gecem
Onun yüzü ve sonsuzluk arasında
Gidip gelirken
Kelimelerin olmadı sadece.
Daha bin'e çok var dedi o
Bu yüzden giderken
Sonsuzluğun benden aldığı
Bakışı tekrarladı.
Dünyadaydık

14

THE SEVEN NIGHTS

THE FIRST NIGHT

I

And the first sign came down.
And now night is in Allah's presence
and stones spewed from the dragon's mouth
founded the city.
The dark was beyond the darkness of man.
The knowledge of prayer and lava
opened streets
and the pain and longing of a thousand years
could be lived.
I spoke to him of children's space
of how faces belonging to Allah in childhood
merged with each other.
We all form a face with our siblings
and friends
Allah and the angels included.
Childhood's space
Not only makes streets of the city familiar
but brings them nearer to love.
My 1001 nights
their ebb and flow
between his face and eternity
were not only of words.
There are many more till a thousand, said he
and as he went
he had the look
eternity took from me.
We were in the world

Bir avlunun
Güllerin kıyısında.
Bahçede bir kaplan gördüm
Bütün gece uyutmadı beni o kaplan
Dedi biri.
Ağaçların gövdelerinden tırmanan bir ruh
Burçları geçerek gösterdi bana
Çizgileri karışmış yine.

II

Ve ilk ayet indi.
O gece olacak ve tanrıya armağan
Edilecek olan yarım bırakıldı.
Çünkü kadınlar dua etmediler bizim için
Çünkü ruh çırılçıplaktı.
İnsandan kuvvetlisi yok dedi yıkılmış
Bir adam.
Geçmişe açılmış bir gökyüzünün
Üzerinden bakarak.
Ne zalimler, ne mazlumlar. Kadir gecesinde.
Ve ilk ayet indi
Ve şehir uyandı
Ve şehir daha çok
Daha çok açıldı
Ve göğsünün içinde çarpan kalp
Çocukluğumuzun uzayında benden alınan belki.
O kalp ilk ayet inerken
Aramızda durmakla
Senden çıkıp bana duyurmakla varlığını
Bölünmüş uzamı tamamladı.

16

in a courtyard
by a bank of roses.
I saw a tiger in the garden.
'He kept me awake all night,'
someone said.
A soul climbing the trees
and passing the Zodiac signs showed me
its stripes mingled still.

II

And the first sign came down.
What would happen that night
and the gift meant for God
was left unfinished.
For women never prayed for us
and the soul was stark naked.
There's nothing stronger than a human being
said a stricken man,
looking from above a sky
wide open to the past.
On the Night of Power. No tyrants, no victims.
And the first sign came down.
The city awoke
and the city opened
wider and wider.
The heart beating in its breast
was taken from me perhaps in our childhood's space.
As the first sign came down
that heart emerging from you
that stands between us
pieced the fragments together
with its being.

III

İlk ayet inerken
Emri duydum
Ve sesleri
Aynı gökyüzünü paylaşmakla sınırlanmayan isteği.
Onların nasıl öleceklerine iyi bakın
Dedi biri.
Kendi ölümünü çoktan kabullenmiş
Uzayan dilleri
Ve geçmişin günahlarıyla
Şehrin siyahlığına eklenen.
Ve sen
Kaya diplerinden akan suların
Sırrını açtın bana.
Tıpkı o kalbi o göğüsten çıkarıp
Bana verdiğin gibi.

İKİNCİ GECE

I

Duasını yürürken eden bir kadın
Her yolu tanrıya kavuşturuyor.
Ve bir adam
İnsandan kavimi yok varlıkların diyor
Çökmüş omuzları
Ve bitmiş hayatıyla.
Çın diyor bir demir

18

III

As the first sign came down
I heard the command
and voices
and felt the desire
to share more than just the same sky.
'Look closely at how they will die,'
said one.
Long ago they submitted to death
with their long tongues
and their sins of the past
all adding to the city's darkness.
And you
revealed the secret to me
of waters pouring from the root of the rocks.
Like when you tore the heart from that breast
and gave it to me.

THE SECOND NIGHT

I

A woman who prays as she walks
reunites all paths with God.
And a man says
'Of living creatures man is unique
with his drooping shoulders
his dead-end life.'
The clang of iron

Başka seslere karışıyor.
Çok önce erkeklerin dünyasını ayıran duvarlar
Acıda birleşince
Gökyüzü açılmış önlerinde.
O gökyüzü ki özlenenden fazla
Ama özlenen olmamış gerçekten.
Sana bakarken çocukluğun uzamını hatırladım.
Çocukluğun kendine ait uzayında
Yüzümüz tanrıya aittir.
Bu yüzden arkadaşlarımız
Birlikte büyüdüğümüz kardeşler
Benzeriz birbirimize
Ve o biri hep taşınır bizde.
Öyle oldu
Senin yüzün biriken her şeyi açıkladı.
Ataların izlerini
Çocukluk oyunlarının doğmuş
Doğmamış tüm acılarını
İştahını
Toparladı.
Şehri kuran taşların siyahlığını anlattın sen
Ateşini şehrin bir ejderhanın yaktığını.
Bir soluk
Ejderha
Siyah taşlar
Hepsi senden başladı.
Ve yeraltında sular
Müslümanlığın kırk günü
Ve gecesi kadir olan insanların
Hepsi hepsi avuçlarını açtı
Ve Allah'a yürüdü.
Sonra süpürdüler avluyu

mingles with other sounds.
Long ago when the walls that separate the world of men
came together in pain
the sky opened before them,
a sky more than longed for
but never realised.
Looking at you I remembered the vastness of childhood.
In the space that belongs to childhood's self
it is our face that belongs to God.
And so our friends
and the siblings we grew up with
all look alike,
and we always carry that one within us.
So it was.
Your face explained all that assembled.
It gathered
traces of ancestors
and all the pains born and unborn
of childhood games,
and its hunger.
It was you who described the blackness of stones
that founded the city
and the dragon that lit the city's fire.
A breath
a dragon
black stones
that began from you.
And subterranean waters
All the people with their power
and the forty days and nights of their Moslem faith
opened their palms
and walked towards Allah.
Later they swept the courtyard.

Kürtçe konuştular
Duaları Kürtçe sürdü.
Bir kadın mahcubiyetle
Kollarımın cehenneminden söz etti
'bendeki siyah örtüyü al' dedi
Al bendeki siyah örtüyü
Yanma sen...

II

Ve olan. Ayetti.
Ve olan gövdede kımıldayan ejderhanın
Fırlattığı taşların kurduğu şehir.
Ve ejderha bu siyah şehri lavlarından püskürttü.
Karanlık gece
Artık çok da yetmez diyen biri
Ne söylemektedir?
Şehir yeniden kurulurken zihninden başlandı
Şehre seninle ol dendi.
Kaplan ve ejderha
Melek derdin sen
Ben kaplan ve parstan söz ettim.
Bir parsın sırtımda pençe izi
Aynaları soran bir pars
İzini fark etmem için.

III

Ve süpürdüler avluyu bütün gece
Ağzı olmayan bir adam
Gözü fırlayan bir diğeri

They spoke Kurdish
and continued their prayers in Kurdish.
A woman gently observed
the sun-scorched hell of my arms.
'Take my black shawl', she said.
Take my black shawl
and don't get burned …

II

So there was the sign.
The dragon moving in the body of Being
hurling the stones that built the city.
And the dragon spewed the black city from lava.
Dark night
'Even too much is not enough,' said one.
What is he saying?
The city began again from mind.
The city was told to be.
Tiger and dragon
the angel, you used to say.
I spoke of tiger and leopard,
the print of a leopard's claw on my back
a leopard calling for mirrors
so I can see his mark.

III

And all night they swept the courtyard
a man with no mouth
another with darting eye,

Bir cin ayini yapılıyordu
Cinler toplanmış insanı tartıyordu.
Ateşin süpüreceği bir kötülük göster
Dedim ona.
Ateşin yok edeceği bir pençe izi.
Her gece kandil dedi sonra
Her gece olmakta olan.
Bilinmiyor gecesi harflerin
Bu gecelerden biri nihayetinde.
Olmak ve harf sürüyor
Daha fazla
Daha fazla
Bu söz senin sesinle söylenmeliydi.
Ejderhanın taşları alıp püskürtmesinden
Daha uzun sürmezdi benim o şehri yaratmam.

IV

Her gece kandil dedi biri
Her gece kandil
Ve hasrete daha çok var.
Neyi duymaktayız biz?
Dün oturduğumuz avluda
Siyah olan gül
Bugün açmış ruhunu
Ve bir şey göstermektedir.
Sular bir şey göstermektedir
Kuşların gülleri geçip kokan nefesi
Sesi
Senin soluğun olmaktadır hâlâ.

a djinn's ritual was taking place,
a gathering of djinns to weigh up humans.
'Show me an evil deed that fire can consume'
I asked him.
'The print of a claw that a fire can erase.
Every night is sacred,' he said
'Every night is in the making.'
Unknown is the night of letters
and one of these nights is ending.
Being and the letter continue
more
and more.
Your voice had to speak this word.
My creation of the city would last no longer
than the dragon's eruption of rocks.

IV

'Every night is sacred,' said one
every night sacred
there will be many more nights of longing.
And we, what do we hear?
In the courtyard where we sat yesterday
the rose that was black
opened its soul today,
a revelation.
And the waters a revelation.
The fragrant divine breath
of birds flying past the rose
and their voice
is your breath still in the making.
When you look at the rose
every sin here is cleansed.

Buradaki her günahı temizledi
Senin güllere bakman.
Senin isteğin göğün katında tartıldı.
Bir melekten söz ederken
Şehir çok siyah,
Budur meleği yükselten belki de dedim
Meleği yükselten ve kanatlarını kelimelere açan
Şehrin siyah oluşudur.

Kuşkusuz zamandan konuşacağız.
Bir çocuğun dereyi geçerken taşıdığı yükün
Bir kız kardeş olmasından.
Ve küfürden
Olmayan anneden
Ölülerden.
Doğurmayan anneden konuşacağız
İnkârdan.
Ne çok oldu
Merak yerini titremeye bıraktı.
Zikrin bilinci kavuştu sana
Ve anne hatırlandı.
Ölüler?
Bu gecenin ve sabahın kaç ölüsü var?
Geçmişin ölümleri saymaya gelmez
Çünkü aramızdadırlar her an.
Ruhları içimizde nefes almaktadır
Onların gözleriyle parlar ve kararır sular.

v

Günbatımında varlığını gökte tasarlamış
Bir nehre baktık.

26

Your desire was weighed in heaven.
When I speak of an angel
the city is utterly black,
I spoke of an angel
'and perhaps,' I said,
'the black nature of the city
exalts the angel
and opens its wings to words.'

Undoubtedly we'll talk of time,
of the burden the child carried across the stream,
of a sister,
of a curse,
of an absent mother,
of the dead.
We'll talk of a mother who didn't give birth
of denial.
So much happened.
Trembling replaced trouble.
Enlightenment came
and you remembered the mother.
And the dead?
How many dead this night and morning?
Impossible to count the deaths of the past
for every moment they are with us.
Their souls breathe within us
the waters gleam and darken with their eyes.

v

At sunset we looked at a river
its creation conceived in heaven.

Sonra inmişti yere.
Belli belirsiz bir akış
Akan bir gökyüzü içinde gölgeler
Kaplanların
Meleğin
Ve parsın
Hepsinin kanatlanması
Ve yüzünde toplanması hepsinin
Senin gülmen.
Nehri geçen çocuğun küfründen
Daha büyük bir acı.
Bir göktaşı düştü sanki aramıza
Zaten yanmakta olan
Kavruldu böylece.

VI

Bizim için dua etmedi kimse
Ne kadınlar
Ne çocuklar
Saflıklarına kanıt göstermediler o gece.
Kapıda
Gözsüz
Ve bedensiz bekleyen ecinniler bile
Bakmadılar bize.
Şehir bir yüzyılın adıydı sanki
Donmuş bir yüzyıl ötelerden.
Bir geçişi mümkün kılmayan acı
Zulmün birikip taşlara akması.
Herkes ortadaydı
Hesap görecekler
Ve mazlumlar.

Then it descended to earth.
A dim flow of shadows pouring through the sky
of tigers
the angel
the leopard.
All winged
all coming together
on your face
as your smile.
But a sorrow greater
Than the curse of the child that crossed the stream.
Like a meteorite falling among us
burning
burnt out.

VI

No one prayed for us
no women
no children
no proof of their simplicity appeared that night.
Even the evil spirits waiting bodiless
eyeless
at the door
never looked at us.
The city was like the name of a century,
a frozen century from beyond.
Pain was impossible to survive.
Cruelties piled up and poured over stones.
Everyone was there.
There would be a reckoning
and victims.

Günü gelmişti sanki.
Nasıl bu kadar siyah olunur
Ateşi açıklar mı Ejderhanın?
Herkes ortadaydı ve aşkla bağlantısı
Yoktu kalplerin.
Kötülük ve zulüm doldurmuştu sokakları
Ve sen indin.
Göksel kaderin belirlediği genişlik
Ve huzurla
Kanatlarını kapatıp karıştın aramıza.
Bir aşk isteyecektin
İlk güneşte yaratılan.
Zinciri hiç oluşmamış bir düzen
Ayrılmış iki ruh
Varlığını tamamlamak için
Bugünü bekledi.

ÜÇÜNCÜ GECE

I

Lütuf yada yük
Konuşmanın bir yerinde
Geceden söz edildi
Yaşanan yarım kalan geceden.
Benim 1001 gecem.
Gün doğmadan fıskıyelerin anlattığı
Serinlik mi
Hayat mı bilemeyiz.
Böylece yaşandı o da.

30

As though the Day of Reckoning had come.
How can it be so black?
Can the Dragon's fire explain it?
All were there but the bonds
between love and hearts were absent.
Evil and cruelty stalked the streets
then you came down.
Folding your wings you came among us
with your heaven-sent openness
and peace.
You were in search of a love
created at the first light.
Two separate souls
a harmony, its chains not yet conceived,
waited for this day
to complete their being.

THE THIRD NIGHT

I

Burden or grace,
somewhere in their talk
they spoke of the night
the night still half lived.
My own 1001 nights.
Was it life
or the coolness sung by fountains
before daybreak? We'll never know.
That too was lived.

31

Karanlığın ve kaplanın damarları üzerinde
Kesilen başların
Ve bilmediğimiz tapınakların.
Orada olmalıydık
Orada büyüyen çığlık değildir çünkü.
Orada başka bir bağlantı kâinatla
Sesin,biçimlerin oluşmadığı,
Hüzünlü oluşu anlattığı
Ve Âdem'in yalnızlığının doğum gibi
Olduğu o ilk yer.
Başlangıç.
Âdem'in yalnız olduğu o doğum
Tazelik.
Ölümün olmadığı henüz
Ve ağacın
Ve yılanın
Henüz olmadığı.

II

Benim haccım tamamlandı.
Seninle gideceğim her yol
Başlangıca,
İlk olana kavuşurken
Haccım tamamlandı benim.

32

Over all
veins of the tiger and of darkness
severed heads
and temples unknown to us.
We should have been there
not for the rising scream
but for another bond with the cosmos
in that first place
the very Beginning
where Adam's loneliness was like birth
where his sad existence was described
by a voice and formless shapes
that never were,
the birth where Adam was alone
utterly fresh and young.

There was no death yet
and the tree
and the serpent
still did not exist.

II

My journey is complete.
Every road I take with you
back to the beginning,
when it meets with the very first happening
then my journey will be done.

33

III

Ona ruhların ümitsizliğinden söz ettim.
Henüz gövdesinde olmayan
O belirsizlik
Evinde olmayan.
Bir adam
üniformalar içindeki askere
'giyin de gel' dediğinde
Anlayacağımız tek şey
O adamın evinde olduğudur
Çünkü evdir söyleten
Güçtür ev
Yuvanın yuva oluşudur.
Seninle o yüksekliğin Tanrıyla bir bağlantı
Olduğu tünele gideceğiz.
Bağıracağız.

IV

Kaplanları ve parsı bedeninden uzağa
Taşıran ruhun fazlası
Uyanacak.
Ve senin pençelerin benim sırtımda
Bir damar bulacak.
Mavi
Ruh olan bir damar.
Sütü oluşmadığı için henüz
Acı olan bir damar.
Açıp kendi bedenine yerleştireceksin onu.
Böylece aramızda bir kalp
Böylece aramızda yaradılışa ait bir bağlantı.

III

I spoke to him of the despair of souls.
The hovering soul
still without body
still not in its home.
When a man orders
the soldier in uniform,
'Get up, get dressed,'
we only know
the man is in his home
it's the home that gives him speech,
the home is power;
home is the nest.
Together we'll go to the tunnel
where its height links us with God
and we'll scream.

IV

From the bodies of tigers and leopards
soul overflowing to far places
will awake.
And on my back your claws
will find a vein,
a vein that was
a blue soul.
A vein of sorrow
for its milk does not yet exist.
You'll take it to your own body
so one heart exists between us
a tie of creation between us.

Miraçtan söz et bana
Benim miracımdan.
Ayağını diğer ayağının üzerine koy
Diyen sesin,
Muhammed'in
Ne yaptığını anlat bana.
Efendimiz, bir adım
Bir adım daha
Efendimiz bir adım daha.
Ruhun ve
Âdem'in yalnızlığından
Daha yalnız
Ve dolu olunan yaradılışla o an.
O an
Bir adım
Senin kalbinedir
Sonsuzluğun başladığı yer.

DÖRDÜNCÜ GECE

I

Yazık o haberlere ki
Gazetelerde çıkıyorlar
Diyor annem.
Haberleri bilmiyorken henüz.
Geceyi
Namazı
Ve bir bayram beklemenin telaşı
Kadimde.

Tell me about the Ascension,
my own ascension.
'Place one foot after the other,'
the voice says,
and tell me what Muhammed did.
One step, Lord
one more step,
one more, O Lord.
That moment full of creation
more lonely
than the loneliness of Adam
and the soul.
That moment
a step
towards your heart
the place where eternity begins.

THE FOURTH NIGHT

I

'A shame
what the papers say,'
says my mother
but she's not one for the news.
In the old days
there was the excitement
of waiting for the bayram
the night

37

Gece bir sesin çağırdığı kadın
Göğe çekilmek için
Yürüdüğünde
Onu ezecek olan dişleridir zamanın.
Onu ezecek olan duanın ve tapınmanın
Yaklaştırdığı Tanrıdır.
İster
Çünkü ona aittir.
Duada çürüyen dizler de onundur
Secdede varlığın dayanağını hisseden alın da.
Her şey onundur.

II

Tacirler eski bir pazarda
Kehribar ve akik sattıklarında
Kaplanların gözleri parlar.
Ve parmakta taşınan renk bir kapı olur
Her şeye açılan.
Bir parmakta taşınan yüzük
Gizlediği zehir ve istekle
Sonsuzlukla tamamlanır.

III

Yine oldu.
Onun yüzüne bakmam
1001 geceme
Tamamlanmayan.

and the prayers.
As the woman walks,
she is summoned at night by a voice
to withdraw to heaven,
but what will crush her are Time's teeth,
what will crush her is the God she brought near
through worship and prayers.
It's what she desires
for she belongs to him.
And the knees bruised in prayer are also his
and the forehead that feels its being on the prayer-rug,
all are his.

II

When merchants sell ambergris and agate
in an old market
eyes of the tigers gleam.
And the colour worn on the finger
becomes a door
open to everything.
The ring on a finger
is completed with hidden poison and desire
and with eternity.

III

Once again.
My looking at his face
and at my 1001 nights
is incomplete.

Bir şairden söz etti
Ölümüyle bir ülkeyi hatırlatan.
Bir şairin ölümü nedir diye sordum ona.
Bir şair öldüğünde bir dil Tanrı katına yükselir.
Duyduğumuz harflerin yükselişidir
Yas ve keder olan gönüllerde
O yükseliş.
Bir şair öldüğünde bir ülke
Onu çağıran cennetten önce
Araf'ı hatırlatır.
Bekleyen ruhlar ve beklenen son
Kadimin tamamlandığı yer.
Ve son belki de.
Harflerin uzaklaşması
Ve bulması Âdem'in adları.
Tüm adları öğrenmiş olan.
Ne ağır bir yük
Ne hüzünlü.
O orman
Harflerin ve adların karıştığı
Ne hüzünlü
Ve ne kadar içinde başlangıcın.

IV

Şimdi bayram geliyor
Bir sabah
Ölümlerin olmadığı,
Rugan ayakkabıların bağışladığı mutluluğun
Hep hatırlandığı

He spoke of a poet
by his death recalling a country.
'A poet's death?' I asked him.
When a poet dies a language ascends
to the heights of God.
What we hear is the ascent of letters,
the ascent
in hearts full of mourning and grief.
When a poet dies a country
reminds us of purgatory
instead of the heaven
that calls him.
A place where the old times are finished
with souls waiting the expected end
perhaps the absolute end.
Letters distanced,
Adam finding names,
Adam who learned them all.
What a heavy burden,
what sadness.
That forest,
where names and letters were muddled
how sad it was
in the very beginning.

IV

Now comes the bayram
a morning
of no deaths.
When happiness bestowed by shiny shoes
and little palms painted with henna

41

Ve uyurken kına yakılan küçük avuçların
Şaşırmasından daha büyük
Daha büyük bir sevinç
Kaplıyor sokakları.
Ve bu siyah şehri
Ve bu kader olan karmaşayı
Ve bu kader olan
Dizimin
Sesin
Bakışların
Hangisinden başlanırsa başlansın
Çocuklukta saklandığı bir işaret.
Bir işaret kalbi okla geçmekte.

V

Olana hiç benzemeyen pençelerin izi.
Pençelerin izi suda belirdiği gibi
Sırtıma aktığında,
O nehir göksel varlığını tamamlayıp
Gidecek bizden.
Gidecek bizden ve bizim ona bakışımız
Olan o an
Nefesin nefese kilitlendiği
Ellerin ellere.
Yetmeyecek bizi aynı burçta tutmaya.
Göksel yükseliş?
Kim?
Kimdir o yükselişten söz eden?
Kimdir göğün katlarında belirlenen

in their sleep,
are always remembered.
A joy far greater than excitement
spreads through the streets
and this black city
and the chaos which is our fate.
A sign concealed in childhood
let it begin
from wherever you start,
from order
or voice
or looking.
It pierces the heart like an arrow.

v

The trace of claws unlike anything else.
The trace of claws seen through water
as it pours on my back,
a river completing its existence in heaven
will surely leave us.
That very moment when we look
will leave us
when breath to breath
and hand to hand
are locked together.
But keeping us in the same cosmos
will not be enough.
Ascension to heaven?
Who?
Who speaks of that ascension?
Who is defined in the levels of the sky?

Kadere ayna tutan o zavallı.
Göğün katlarında belirlenen kader
Nehri karşılayacak elbette.
Yeryüzünde olan tüm macera
Tartılacak terazide.
Ve şairlerin
Duanın
Kelimelerin yetişemediği yerde
Bir âşığın nefesi ve
Gidip gelen göğsü rehberlik edecek.
Bir âşığın gece nehre bakarken
Büyüyen kalbi çağıracak kaplanı.

BEŞİNCİ GECE

Ve handa toplanacak olan
Yolcularıdır ölümün.
Bu dünyadan geçmekte olandır
Toplanacak olan.
Birazdan korkak bakışların geçidi
Anlamayan
Korkan sadece bakışların
Geçidi
Taşlara vardığında,
Başlayacak olan huzur değildir yine de.
Köprülerin gözlerinden sular
Hayatı almaktadır
Bir avluda yaşanan

The poor creature who holds a mirror to fate.
Fate that appears in the levels of the sky
will surely meet the river.
The whole adventure on earth
will be weighed on the scales.
Where poets
and prayers
and words cannot reach,
a lover's breath
and his throbbing breast
will be the guide.
A lover's swelling heart
watching the river at night
will summon the tiger.

THE FIFTH NIGHT

They are death's travellers
the crowd at the inn,
passengers through this world
gathered together.
Soon comes the parade of fearful looks,
the parade of looks
void of understanding
full only of fear,
and when they reach the gravestones
there's still no beginning of peace.
The waters seize life
through the eyes of bridges,
there's life in one courtyard

Diğer avluda ölümdür.
Ve sahteliğidir vicdan olmayışın.
Ve köprüler pençelerin gecesini yaşamış
Ve kalmışken
Kaybolan bir insan değil
Samimiyettir.
Ve Deliller handa toplanan insan
Gökyüzünü yol belleyecektir.

ALTINCI GECE
büyüme(k)

I

Annem en son benim üzerimi örttü.
Ve son öpüş benimdi.
Karanlığın sütununu defalarca döndüm.
Yıllar sonra
Yurduna dönen bir adamın
Buğdayları okşamasından daha hüzünlü
Karanlık ve gidişin soluğu.
Bir gece hatırlıyorum ölümleri hazırlayan
Bir gece sulardan geçilecek olan küfür.

II

Dün gece senin etrafında dönüyordum.
Çocukluk evinin karanlığı

46

death in the other.
The bridges have lived through the night of claws
and while they remain
what's lost is truth,
not a human.
And there's deceitfulness
from lack of conscience.
The crowd at the Deliller Inn
will know the sky is the way.

THE SIXTH NIGHT
growing (up)

I

My mother covered me last.
Her last kiss was for me.
Time after time I circled the column of darkness.
Sadder than the man who returned to his land
years later
and caressed the wheat,
was darkness and the breath of departure.
I remember a night the bringer of deaths,
a night when the curse would cross the water.

II

Last night I was circling you.
The darkness of childhood's home

Ve gidişin tavafı
Senin etrafındaydı
Ağladım.
Kurulan bir şehirdir güney.
Aklın ve işaretlerin kesiştiği avlu.
Kimse bekleyemez daha fazla
Çünkü ölümün geçidi tamamlandı.
Ölümün ve kardeşlerin
Ve kardeşlere yaraşan sessizliğin.
Ne çok baktılar başlarını kaldırıp
İbrahim Allah'a seslenirken
Onların dilinde
Xwedeyoo!
Rabbim esirge
Diyen İbrahim
Onların dilinde
Hep ateşin ortasında
Rabbim esirge.

III

Senin adımların ve bekleyişin
İbrahim'in çağrısına uydu.
Senin dilinde
Söylendi
Yarabbim.
Gecenin ve göğün sahibi
Sözü indiren
Ve bilen kalbi.
Senin gelişin adımların tufanı olduğunda
Gökyüzünde biriken

and the ceremony of departing
were around you.
I wept.
A well-founded city is the south.
The courtyard where mind and signs intersect.
No one can wait any longer
for the passage of death is complete.
Of death and brothers
and of the silence befitting brothers.
So many raised their heads
and looked hard
when Abraham cried to God
in their language,
'Xwedeyoo!'
'Have mercy Lord,'
said Abraham in their tongue
in the centre of fire
always
'Have mercy Lord.'

III

Your footsteps and your hopes
followed Abraham's cry.
Uttered
in your language,
'My Lord.'
Master of night and sky
who brings us word
and the knowing heart.
When your arrival became a flood of footsteps
there was not only dust

Sadece toz olmadı.
Bir perdedir gökyüzünde
İnsanla Allah arasında.
Tozda görünen
Kader okunur
Remil çekilir
Tüm nehirlerde
Okunur kader.
Senin gelişinde
Kör olduk dedi biri
Yüzü olmayan bir başkası
Şehrin her yerinden baktı bana.
İbret ve eksiklik aynası
Avuçta tutulan.
Ve karanlığı taşların
Ezen
Ezen insanı.

Başka bir uzaya gidildi böylece.
Sakatların
Ve hayvanların bildiği,
İbrahim'in
Âdem'in ve Havva'nın
Yalnız
Yalnız
Bir bahçe.
Bahçede unuttuğu
Masumiyet
Tavaf
Tavaf
Tavaf
Ey insan
Tavaf edildiğinde
Kalan

gathering in the sky
but a curtain
between man and God.
In the dust fate is seen and read.
In all the rivers
sand recedes
and fate is read.
'We became blind
at your coming,' said one.
And from every corner of the city
another without a face
looked at me.
The mirror of warning and absence
held in the hand.
And the darkness of stones
crushing
crushing man.
So departure for another space.
A garden
known to the lame
and the creatures,
where Abraham
and Adam and Eve
are alone
alone.
In a garden
of forgotten innocence
circling
round
and round
O human creature
when the circle is completed
what remains

Varlıktır.
Gecedir.

Ve terkedilişten önce
Sonra belki de
Tavaf edildiğinde kalan
Nakış
Ellerde.
Kaderdir
Kaderdir bir sütunun etrafında
Çocukluğu döndüren.
Sensin belki de tavaf edilen
Sensin elbette.

YEDİNCİ GECE

I

yedi gece
yedi gün
yedi yıl

Bir yüzyıl belki.
Beklemiş
Bir bin yıl.
Sabrın aynasında oyalanmış bir yüz.
Hesabıdır aynı suların

52

is Self.
And night.

Before desertion
and perhaps after
what remains
in their hands
when they complete the circle
is a weaving.
It is Fate.
It is fate
that turns childhood
around a pillar.
It is you perhaps,
being turned around
undoubtedly you.

THE SEVENTH NIGHT

I

seven nights
seven days
seven years

A hundred years perhaps.
A thousand years
waited.
A face passed time in the mirror of patience.
The same waters

53

Akarken
Bir yerde kutsallık var edip
Diğer yerde kurutması bilinci.
Bir nehir akarken kelimeleri de götürür.
En fazla gökyüzüne ulaştırır kelimeleri
Bir nehir.
Bu tavaftır
Bu tavaftır kadimde.
Senin bakman gibi tıpkı.
İbrahim gölünde hep bir yönde dönen balıkların
Unuttuğu ateştir.
Hatırlansa ateş olduğu
O dönüşü var eden
Hatırlansa bir kez.
Belki de dönülmeyecek
Bir hazne eksilecek dilde.
Ama unutuş var
Varlığa eklenen unutuş var bir kez.
Olmalı

II

Örtülerin açıldı şimdi
Üzerine o son gecede örtülen
Açıldı.
Kimsin?
Soracaklar mı sana?
Kemiklerin
Ve mezarların hesabı uykunda sürerken

flowing
bring holiness here
withered wisdom there.
A flowing river bears words away too.
But above all
a river carries words to the sky.
This is the act of circling
ancient act of the sacred reel
just like your way of looking.
In Abraham's lake
the fish revolve
always in one direction
and forget the fire.
If only they once remembered
it's the fire that makes them turn
perhaps there would be no more turning
and some lack in the language would be lost.
But there's forgetting
and once again
there's forgetting added to Being.
So it must be.

II

Now your cover's off
what was hidden that last night
is revealed.
Will they ask,
who are you?
While in your sleep
you're living with
bones and graves

Soracaklar mı sana kimi öldürdün?
Hangi duygudan sorumlusun
Ve hangi kayıptan?
Olmayan bir anneden söz edilecek sana.
Dünyaya yukarıdan bırakıldığına
Kanıt olan bir anneden.
Belki de hiç olmadı.
Ama ne fark eder ki.
Onu gömmekle yıldızların uzayına çekilen
Ellerin şimdi
Bir bedene dokunurken
Var ediyor.
Uzayın boyutuna çekiyor.
Mezardan sonsuzluğa giden
Aralıkta parmakların.
Ellerin en fazla anlattı kalbini.
Şimdi burada
Sorulacak sorulardan ve şefkatten önce
Göğsüne bak.
Mavi bir damar çekiliyor mu
İlk günah…

Gerçekten Tanrı istiyor mu?

III

Bahçeyi ve meyveyi var ederken
Sınadığı
Ve beklemekle doldurduğu.
Bahçede uzun bir uyku
Güllerden

will they ask whom you killed?
What feeling is yours,
what loss?
You'll be told of the absent mother
the mother who is proof
that you were sent to the world from above.
But perhaps it never happened
and what difference does it make!
Drawn to the space of the stars
touched by your hands
a body exists
in burial
drawn to the dimensions of space.
Your fingers are in the gap
between grave and eternity.
Above all your hands
have explained your heart.
Now here before questions are asked
and before compassion
look in your heart.
Is a blue vein pulsing?
The first sin…

Is this really God's wish?

III

He created the garden and fruit
for the test
and filled them with waiting.
A long sleep in the garden
and before roses

Ve kuş seslerinden önce
Yeryüzünü bilmeyen gövdesiyle yılan
Sürünecek
Ve bir gök yüzü gidecek bizden.
Başka anlamların
Başka hakikatlerin yurdu
Başka günlerin
Gecelerin.
Burası değildir belki de.
Baktığım her şey senin varlığına eklendi.
Şimdi bu kurtuluşun
Ve kapıların işaret ettiği başlangıç
Bir şehrin kıyısında
Usuldan da öte bir yayılma içindeyken,
Hiçbir yere varmadım aslında.
Hep başlangıçta olduğumu bana
Ellerin söyledi
Hiçbir yere varmadığımı.

IV

Çizgileri fark ettiğimde
Bahçedeydim
Uzun uykunun bahçesinde.
Günahın
Ve yılanın
Ve uykuda yaratılmanın şefkati ve zulmü
Hiç azalmamışken.
Bir ölümü tamamlayan isteğin,
Hislerin ve de.
'Bu gece yıldızlarını çağırdım' dedin sen
O gece yıldızları çağırdın.

and bird-song
the serpent,
his body unfamiliar with earth
would slither along
and steal heaven away from us.
A land of different meanings
different truths,
other days,
other nights.
Perhaps not here.
All I saw became part of you.
A beginning was signalled
this liberation and the gates signalled a beginning
on the verge of a city
spreading beyond silence,
but I never really arrived.
Your hands showed me
always at the beginning
never arriving.

IV

I was in the garden
when I saw the stripes
in the garden of the long sleep.
The compassion and cruelty of the creation in sleep
of the serpent
and sin
never abating.
Your desire
and feelings
preparing a death.
'This night I summoned your stars,' you said.

Işık değildi
Karanlığın karşıtı.
Cıvadan daha ağır siyah pençeler
Dolaşırken sırtımda
Bir oluşu hatırladım
Bir oluş ki,
Boşluk bırakmamış.

V

Ve tüm bunlar
Dönencelerin duyulduğu yerden
Paralellere uzanan bir nehrin kıyısında oldu.
Çünkü üçüncüdür o.
Çünkü suların sonuncusu ve mutlak olanıdır.
Üçüncü nehir doğarken tasarlanmıştı
Akacağı mecranın üzerinde.
Soluğunun nereye akacağı
Nelere yeteceği soluğunun bilinmez.
İşte bu benim şiirim.
Bir sesin şehirden yükselmesi
Ve kayması ruhların birbirinin yatağına
Kayması ruhların yıldızlara eşlik ederken.

VI

Bir oğul önce ölümündür

Yine oldu.

That night you summoned the stars.
The answer to darkness
was not light.
As black claws heavier than mercury
prowled over my back
I remembered a genesis
a becoming
that left no emptiness.

V

And all happened
on the banks of a river stretching wide
where the tropical zones are felt.
For here is the third,
the last of the waters,
the absolute one.
The third river was born and ordained
to flow on its course.
Where the breath flows
what it brings will never be known.
A voice rising from the city
souls like shooting stars
slipping into each other's beds.
This is my poetry.

VI

First to death a son belongs.

Again.

Bir uçuşun ağırlığını duydum
Açılmayan ruhun kanatlarını.
Gitmek isteseydik çoktan doldururduk
Yeryüzünü
Ama yapamadık.
Bir şey tuttu bizi
Korkudan fazla
Şefkate yakın bir şey
Tuttu bizi.
Tozlar havalandı sonra.
Adı kutsal olan bir köprüden
Geçip gitti sular.
Kimsenin bilmediği damarlarda
Birikti aşk
Ve adı İbrahim kondu.
Çocukların ve herkesin babası olan.
İbrahim bir göl kıyısında ağlarken
Hiç üzgün değildi.
Üzgün değildi hiç kurbanını taşırken.
Bir oğul önce ölümündür
Ölümündür bir oğul.
Şimdi bu avludan
Bu renklerden geçerek
Oluşan bakış
Dünyayı görecektir.
Yeryüzü
Yeryüzünün olmayan uzam
Duyguların çekilmesi ve dönmesi
İnsanı Tanrı'ya kavuşturur.
Önce ve sonra
Hep belki de
Belirsizlik
Bir belirsizlik olarak kaldığında

I felt the heaviness of flight
wings of a soul unable to open.
Had we wished
we would have filled the earth long ago.
But we couldn't.
Something held us back
more than fear,
something close to compassion
held us.
Then dust flew in the air.
Waters passed
through a bridge with a sacred name.
Love grew
in unknown veins
and they named him Abraham.
He was father of children
and father of all.
Abraham weeping by a lake-side
was not at all unhappy.
Carrying his sacrifice he did not grieve.
First to death a son belongs.
Death owns a son.
The look forming
as it crosses this courtyard
and these colours
will come to see the world.
The earth
and beyond earth
the come-and-go of feelings
brings humanity to God.
Before and after
and perhaps always
uncertainty

Karar olacaksa,
Tanrı insanı bahçede uyutmakla
İlk işareti sundu.
İlk işaret aşktı.
Uyuyun ve aşk deyin adına.
Aynı rüyada ilerleyin
Aynı bahçe
Aynı anne
Ve İbrahim Tanrısını bilecek olan.

Ekim 2007. Diyarbakır

remaining uncertain
is a decision.
God gave the first sign
by lulling man to sleep in the garden.
The first sign was love.
Sleep and call it love.
Dream and keep dreaming
the same garden
the same mother
and Abraham who will know his God.

October 2007, Diyarbakır.

II
AND ANGELS PERCH
ON HIS RIGHT SHOULDER
VE MELEKLER SAĞ OMUZA KONAR

VE MELEKLER SAĞ OMUZA KONAR

Ve melekler sağ omuza konar
Ve ejderha sol omuza
Ve melekler iner
Ve acıdan başka bir şey yoktur
Ve bir ağaç
Acı meyvesiyle büyür.
Ve bir ses
Ölümden konuşur
Ve melekler masumiyeti anlatmaz olur.
Ve karanlık kanatlar açıldığında
Artık hatırlanmaz.
Bir zeytin gölgesinde bekleyen adam
Kurumuş kuyusundan zamanın kelimeleri çeker.
Bir başkası gözlerine bakar kâinatın.
Böylece uykusu süren ejderhanın
Kanatları açılır
Ve şefkatten yoksun anne
Koruduğu kimdir
Bilinmez.
Ve melek ağlar
İşareti ağlamaktır.
Sırtında bıçakla bir adam
Tanıdıktır artık.
Bıçağın ilerleyişi
Yönelişi bıçağın
Ve hedefi ölüm olan
İlerleyişin ne olduğu sorulur.
Yüzünde meleğin bekleyiş
Bir şey anlatmaktadır.
Meyvenin büyümesi
Kelimelerin yalnız bir ağaçta.
Melek anlatır

AND ANGELS PERCH ON HIS RIGHT SHOULDER

And angels perch on his right shoulder
the dragon on the left
and angels descend
and there's nothing but suffering
and a tree
grows with its bitter fruit.
And a voice
speaks of death
and the angels go mute describing innocence.
When the dark wings open
there's no more memory.
The man waiting in the shade of an olive tree
draws words from the dried-up well of time.
Another looks in the eyes of the cosmos.
So the dragon still asleep
opens his wings
and no one knows
whom the mother void of pity
protects.
The angel weeps
his sign is weeping.
A man stabbed in the back
is familiar now.
And we ask the meaning
of a knife whose target is death,
of the knife's direction
of the knife's penetration.
The waiting in the angel's face
is an explanation.
The growth of the fruit
of words
only on that tree.
The angel tells

Karanlık ve ölümle çevrili olduğunu doğumun
Anlatır melek.
Sonsuz acı içinde
Kanatların anneyi hatırlatmadığını
Ve yetmediğini şefkatin.
Ve varacağı yerin
Bir ilk ad olduğunu
Seçilmenin ve de.
Ve melek ilk adı tekrardan başka
Varlık bilmez.
Gizlenen pencerelerden
Ve ışıktan önce
Bilgisi kelimelerin sorulur ondan.
Tanrı mıydı sebep diyecekler
Tanrı mıydı gerçekten?
Kılıçların parladığı günbatımında
Bak değişiyor harfler
Değişiyor senden konuşurken.
Senden konuşurken bir meleğin kanadının
İncelmesi ve örtmesi üstümü.
Ve gözlerdeki öfke
Yanılgısıdır meleğin.

Sevgili varlık
Sana varlık derken
Bir kanat kopuyor.
O acı meyveden yükselen his
Kalbi bulandıran.
Bana meleklerin inerken yüzünü göster
Bana meleklerin kanatlanıp karanlığı indirmediği
O geceyi anlat.
İpeklerin ve renklerin

how birth is surrounded by darkness and death
How in endless pain
his wings fail to remind us of the mother
and how compassion is not enough.
How the place chosen
to reach
is the first name ever.
And except for repeating the first name
the angel
knows nothing of existence.
And before light
and secret windows
he is asked for the knowledge of words.
Was the source God? they will ask
Was it really God?
See how the letters change
at sunset when swords gleam
they change as they speak of you.
As they speak of you an angel's wing grows thin
and covers me up.
And the angel fails to see
the anger in the eyes.

Dear Being
as I name you
a wing breaks off.
The emotion rising from that bitter fruit
clouds the heart.
Show me the face of angels descending
tell of the night
when angels took wing and failed to bring darkness,
and of the journey
when silks and colours

Gökyüzüne ulaştığı o yolculuğu
Senin ellerinde büyüyen sözleri ve de.
Ve kanı…
Elbette kanı anlat.

Haziran 2006. Parma

reached the sky
and of the words that grew in your hands.
Tell of the blood…
certainly tell of the blood.

June 2006, Parma.

III
THE FIRST CONVERSATION
İLK KONUŞMA

İbrahim'in beni terketmesi
Bir adla olmadı.
Sularda biriken sırla oldu.

Abraham's abandonment of me
had no name.
It came with the mystery
*   that lurked in the waters.*

İLK KONUŞMA

I

'sebebi sebebin yokluğundadır'
Bunu hatırla
Ve siyah güllerin ülkesinde
Suları geçip ölülerini arayan adamların
Artık olmayan siyah gülleri hatırlamasından
Daha hüzünlü olan duayı.
Bir kayığın incelen ve suya kavuşan duasını.
Taşlar
Kuyudan çekilen sesin taş olduğunu orada.
Kadim
Kadim
Hep kadim olan
Hep var olan
Elbette yazılacaktır.

II

Senden çok önce de yaşandı
Sulara ve sütunlara edilen dualar
Yıldızlara ulaştığında
Senden konuşuldu.
Merhaba diyen
Ve unutan sonra
Senden konuşuldu.
Bir uçuşu mümkün kılan kafes
Kafesin aşk dokuyan elleri

THE FIRST CONVERSATION

I

'the cause is absence of cause'
remember this
the prayer that is sadder
than the men who remember the black roses
that no longer exist,
men who crossed the waters in search
of their dead
in the land of black roses.
A caique's prayer dying away and meeting
the water.
Stones
there where the sound drawn from the well
becomes stone.
Old
ancient
always ancient
all that is
will surely be written.

II

Long before you it was lived.
There was talk of you
when the prayers to waters and columns
reached the stars.
You were remembered
as one who said 'hello!'
and then forgot.
The cage that makes flight possible,
hands of the cage that weave love

Ellerin olduğunda.
Nasıl da acıkmış.
En fazla burada durmanı isterdim
Yılanların hakikati
Gözlere aktığında
Ve kelimeler
Bağını kopardığında kâinatla
Yeryüzüne indiğinde kelimeler.
Belki de yere aittiler
Hiç yükselmemişlerdi belki de.
Yılanlardan ve akreplerden söz ettiğinde
İstediğin bir müzik vardı
Duyduğun bir müzik
'kemikler taş olmuştur çoktan' diyen çoban
Mavi gözlerini taşlar kadar gerçekleştirmiş
Ve kavramış olan.
Kemikler çoktan taş olduğunda
İnsana ait bir yükseklik.
Ve tepelerin gizli kalbi
Yıldızları çağırdığında
Sen
Bir günün duygularını gördün.
Bir günün duygularını
Açlığını bir günün
Gördün.

III

Şimdi ağla.
Yüreğini çalan bir adamın hayali
Tepeleri geçip sana ulaştığında
Ona bir kelime seçmeliydin.

78

becoming your hands.
How hungry they were.
Most of all I wanted you to stay here
when the truth of serpents
poured into the eyes
and when words
cut the tie with creation
and descended to earth.
Perhaps they belonged to earth
and perhaps had never ascended.
When they spoke of snakes and scorpions
there was a music you wanted
a music you knew.
The shepherd who said 'long ago the bones became stone'
and made his blue eyes real as stone,
he understood.
Long ago when bones became stone
human beings gained new heights.
And when the secret heart of the hills
summoned the stars
you
saw the feelings of a day
a day's feelings,
the hunger of a day
is what you saw.

III

Now weep.
When the image of a man who stole your heart
crossed the hills and came to you
you had to choose him a word.

79

Bir kelime kendini tekrarlayan
Bir kelime sesini tamamlayan.
O ağaçtan ben de diledim dileğimi
Tepelere yürüdüm.
O biçimsiz arzuya eşlik etmek için
Yürüdüm çıplak ayakla.
Orada kurulan zaman
Kurulmaktaydı hâlâ.
Başka yıldızların
Başka hakikatlerin acısını duydum.
İnsan
Varlık
Hepsi kozmosun bilincinde
Varlığa kavuşurken
Yıldızlar açıklandı.

IV

Ve ilk konuşma siyah güllerin
Sularında başladı.
Yarım kalan her şey siyah güllerin
Kaybolan kederini
Tamamlamak için
Yaradılışına çekildi.
Aradığımız bir Tanrıydı kuşkusuz.
Güneşin ve ayın
Konuşan bir kalp yarattığı
O ülkede
Duymuştuk bir kez.
Artık taş da olmayan kemiklerin
Yokluğunda
Aşk başladı.

A word repeating itself
completing your voice.
I wished my wish from that tree
I walked to the hills.
To match that amorphous desire
I walked barefoot.
Time beginning there
was still in the throes of beginning.
I felt the pain of other stars
other truths.
Humans
Being
All aware of the cosmos
when they come into being
are revealed as stars.

IV

And the first conversation began
in the waters of the black roses.
Everything left unfinished
withdrew to its creation
to complete
the lost grief of the black roses.
Undoubtedly it was a God we sought.
In that land
where the sun and moon
created a talking heart
we heard it once.
Love began
in the absence
of bones that were stones no longer.

Boş bir mezarın içinden bakan her şey
Sebebi sebebin yokluğundadır.
Sebebi
Sebebin yokluğunda.

Eylül 2007. Sumatar

BAŞLANGICIN AZİZİ

I

Başlangıcın azizi orada çağırmış kelimeleri
Güzellik orada bakmış sulara.
Ve orada insandan daha yüce bir şey varsa taştır.
Kemiklerin duası suları geçmiş çoktan
'cenneti kaybettik biz' diyor yaşlı adam
Cenneti kaybettik biz
Ve sulardan hiçbir şey anlamadık
Hiçbir şey anlamadık sulardan.

II

Ve hiçbir şey anlamadık sulardan
Dediğinde ihtiyar
Kelimelerin doğumunu kutladık.
Kanatlar çırpınırken
Ve bir kuyuda aksine dalmışken biri.

82

Everything looking out of an empty tomb
the cause is the absence of cause.
The cause
is the absence of cause.

September 2007, Sumatra.

SAINT OF THE SOURCE

I

There the saint of the source summoned words.
There beauty looked in the waters.
And there if anything is greater than man it is stone.
Long ago the prayer of the bones crossed the waters
and the old man says, 'We've lost heaven'.
It is we who lost heaven
and understood nothing from the waters
nothing at all.

II

When the old man said
we understood nothing from the waters
we blessed the birth of words.
As wings were fluttering
and someone was diving
into their own reflection in a well.

AZİZİN KARARAN GÜLLERİ

I

Yıldızların
Yıldız olmak hakikatinden
Kurtulamadıkları o yerde
Beklenen sabah değildir artık.
Beklenen korkudur yüreklerde.
Ayaklarını soy ve çık tepelere
Tepelerin acısını duy
Duy varlığını
Neden yaratıldığını ve öylece kaldığını.
Ay tanrısı güneşe bakıyor
Ve bir tanrı daha oluyor.
Derken zaman yaşlanıp
Akmıyor.
Gece yol alan atalarından söz ediyor biri
Gece gittiği için haccı bitmeyen atalarından
Onlar hep gece yol aldılar
Bu yüzden insan oldular diyor
Miraçları mutlaktı.
Kalpteydi.

II

Bir taşın işlediği yakınlık
Geçmişten bugüne
Taşınan bekleyiş.
Tapınma ve ışığın ölümü söylediği
Ve insanların ceylanlar kadar kardeş olduğu
Ve çölün açlığı bilmediği.

THE SAINT'S DARKENING ROSES

I

It's not yet the hoped-for morning
where
stars cannot escape
the truth of being stars.
In their hearts fear waits.
Bare your feet and climb to the hilltops
feel the pain of the hills
feel its being
why it was created and has so remained.
The moon-god looks at the sun
and one more god appears.
Then time grows old
and flows no more.
They talk of their ancestors who move at night
and always travelling by night
their pilgrimage never ended.
Thus they became human
their ascent to heaven assured
and in the heart.

II

The closeness wrought by a stone.
A time of waiting carried
from past to present.
When worship and light sing of death
and humans become as close
as a family of deer
and the desert knows no hunger.

III

Bir kadın göğsünde kavuşturduğunda ellerini
Ne istemektedir.
Ne söylemektedir bir kadın.
En fazla yılanlardan istenen aşk
En çok ondan korkulur çünkü.
Eski bir dilin gizlediğini
Açıklayacak olan kalptir yine de
Taşta yer eden
Birleşmesidir ruhla yaradılışın
Birleşmesidir insanın tanrıyla o sadelikte.
Herkesin bir miracı var.
Benimki o tepeleri yürüdüğümde
Bana fısıldanan sözdeydi.
Yükselişim kanatlarımı gösterdi bana
Ve olmayan isteği hatırlattı.
Ne istiyordum?
Ne istiyordum taşlarda ilerleyen yaradılıştan.
Bir işaret binlerce yıldan
Bir işaret aşk olan.

Aşk,
İnsanın
Geldim
Buradayım
Demesinin bilinci.
Ve siyah güller
Sonra azizin gülleri göründü bana
Azizin kararan gülleri
Kelimeler…
Gülleri unuttursa da rüzgar
Bir yansıma hep var sularda.

III

What does she desire
a woman who joins her hands on her breast?
What does a woman say?
Love that is asked from snakes
is the most feared.
The union of soul and creation
takes place in a stone
and the heart will reveal again
what an ancient language hides
in that simplicity lies
the union of man and God.
Everyone has an ascent to heaven.
Mine was in the word whispered to me
when I walked the hills.
My climb showed me my wings
and my invisible desire.
What did I want?
What did I ask of this creation that lurked in the stone?
A sign from thousands of years
a sign that was love.

Love
of one able to say
'I came
I am here.'
And then black roses
the saint's roses appeared to me
darkening roses of the saint.
Words…
And if the wind blows the roses away
there's always a reflection in the waters.

Güzelliğin odağı olan istek
Hep var.
O istek açıldığında
Yalnızlık hiç olmadığı kadar yakındır insana
Ve gövde hiç durmadan açlığı işler.

İBRAHİM GÖLÜ

I

Azizin kelimelerini duyan şehir
Öyle bir karanlıkla halelenir ki,
Düşman kavimler şehre giremezler.
Şehir kördür.
Karanlık halka
Ve İbrahim gölü.
Ve ay tanrıçasının asası
Başka yönleri gösterir.
Böylece tepelerde
Şeytan için sunaklar ve
Kurban kanıyla dolan
İbrahim gölü
İbrahim gölü.

II

İbrahim gölü
İbrahim gölü

There's always the focus of beauty, desire.
When desire is disclosed
closer than ever before, loneliness comes
and the body ceaselessly struggles with hunger.

ABRAHAM'S LAKE

I

The city that hears the saint's words
is haloed in such darkness
no enemy tribes can enter.
The city is blind.
A ring of darkness
and Abraham's lake.
The moon goddess's sceptre
shows other directions.
So on the hilltops
offerings to Satan and
filling with the blood of sacrifice
Abraham's lake
Abraham's lake.

II

Abraham's lake
Abraham's lake

Bir kadın
Ellerini göğsünde kavuşturduğunda
Ne istemektedir?
İstemekte midir bir şey?
Bir çivi yazısında işleyen insan değil zamandır.
Ben yürüdüm haccımı
Haccımı yürüdüm ben
Ayın ve güneşin ilk işaretler olduğu
Ve yılanların hakikatinden insanın
Yol aldığı bilgelik.

SENİN HAKİKATİN

Senin hakikatin belirdi
Ve bir yüz halini aldı.
Çook önce bir avluda siyah harfler
Konuşmuşlardı
Bir kadından daha kıvrak bedeniyle harfler
Söylemişti.
Tutulmuştum.
Şimdi harflerden öncesi var.
Dilsiz olan harflerin
Cebrail'in kanatlarında taşındığı
O gökyüzü
Bağışlandı bize.

When a woman
folds her hands on her breast
what is she asking?
Is there something she wants?
It's time not man that writes in cuneiform.
My pilgrimage is over
I've made the journey
the knowledge came
that sun and moon were the first signs
and that humanity progressed
from the truth of snakes.

YOUR TRUTH

Your truth became visible
and took on a face.
Long ago black letters in a courtyard
talked together.
Letters spoke
with body
more supple than a woman.
I was enchanted.
Now is the time before letters.
That sky
where mute letters
were borne on Gabriel's wings,
was granted to us.

That place
appeared to us

Hiçbir şeyin değişmediği
Yaradılışın sürdüğü
Ve hayretin...
Yaratılmış olmaktan hayret duyan ay ve güneşin
Taşlaştığı o yer
Göründü bize.

Bir canın yanması gibi
Vazoda durması beyaz güllerin
Beyaz güllerin dün gece olanları bilmemesi
Ve acının bağladığı
Ve uzun bir yoldan sonra varılan durak
Bir yüz olduğunda
Bakışın yarattığı kalp değildir artık.
Ötesidir.
Kalbin bilgisidir bakışın yarattığı.
Bizi var eden kimya
Ve nöronların bildiğinden fazlası.
Odur bakışın yarattığı
Bir âşığın bakışında esirgenen her şey
Orada birikir.

KARANLIKTIR YOLU AÇAN

Eğil bir kuyuya
Eğil ve Cebrail'in kanatlarını
Kanatsızlığını duy.
Gör orada
Kelimeler nasıl var oluyor

where nothing changed,
where creation and wonder
continued…
where the sun and moon that wonder
at their own creation
have turned to stone.
White roses in a vase
like a soul in pain
white roses not knowing what happened last night,
and when a long journey
bound by pain
comes to a halt
it becomes a face.
Now it's not the heart that's created by the look
it's the beyond.
It's knowledge of the heart the look creates.
More than the knowledge of neurons
it's chemistry that makes us.
What the look creates
and everything spared in the lover's look
accumulates there.

WHAT OPENS THE WAY IS DARKNESS

Lean over a well
Lean over and feel Gabriel's wings
and your lack of wings.
See there
how words exist

Nasıl akıyor insan insana.
Belki de karanlıktır yolu açan.
Seninle benim aramda
Bir bakıştır belki
Gittiğin yerlerde
Üzerinde Allah yazan bir yüzük
Aradığında
Aradığın Allah'tan önce aşktır
Aşktır aranan.

ÇORAK HAYRET

Adlarından önce
Yaşlarını saydı peygamberlerin.
Parmakları yetse
Hayreti azalırdı.
Yine de yetmez.
İşaretler yaratan insanın
Görünmesinden daha hüzünlü bir sevinçle
Yeryüzünün bittiği yerden doğan nehirden de
Eski dedi.
Kemikler taş olurken
Gökyüzü aynı kalır.
Ağaçlar yalnızlık
Yapraklar fısıltısı kâinatın.
Dalları yükseltir güneş
Sanki Tanrı'ya ulaşacakmış gibi ağaçlar
Köklerini hatırlamaz olur.
Şimdi senin hayretin başlayacak

how a human being flows into another.
Perhaps what opens the way is darkness.
Between you and me
perhaps it's just a look
where you go
in your search
for a ring inscribed with Allah.
Perhaps before Allah it's love that you seek
your search is for love.

ARID AMAZEMENT

He counted the years of the prophets
before their names,
his amazement would be less
if he had enough fingers
even if not.
'Older' he said with gloomy joy,
of the arrival of man
who invented signs
and the river that rose at the world's end.
Bones turning to stone
sky always the same.
Trees loneliness
leaves whisper of the cosmos.
Sun lifts their branches
as though to reach God
but the trees don't remember their roots.
Now your amazement will begin

Güneşsiz
Çorak hayretin.
Ama gecikmişsin belli ki,
İnsana
Gölgeye
Toza
Gecikmişsin.

GÜNEŞİN YURDU

Ayak izinde ceylanın
Beliren su olsaydı
Denge olmazdı.
Görmedin mi
Ne alçalır
Ne yükselir
Kalbinde tartılmıştır onun.
Daha doğarken
Alnındaki
Ve sol omzundaki ışıktan
Konmuştur adı.
Binlerce yıl
Hep vardı.
İki nehir arasını gölgelere açtığına
Ve güneşin yurdunu uzakta kurduğuna göre
Yorulmuş belli ki
Yorulmuş.
Tüm hayvanlar ve insan olmayan bahçe
Yorulmuş gölgelerden

your arid
sunless amazement.
But it seems you're too late,
for humanity
shadows
and dust
you're too late.

LAND OF THE SUN

If water appeared
in a gazelle's footprint
there would be no balance.
Didn't you see
in its heart it was judged
neither high
nor low?
Its name was given
at birth
from the light
on its forehead
and left shoulder.
So it always was
for thousands of years.
Exhausted
clearly exhausted
from opening the land between two rivers
to shadows,
the sun made its home far away.
All animals and the garden void of humans

Ve böylece Âdem belirdi
Ve Âdem'in belirişi
Bir hayret eşliğinde.
Hayret bir yüz yapar
Ve alır bizi Tanrı'nın elinden
Bahçeden.
İlk vadi
Ve adsız şehirler beklerken
Nelerin kurulacağı
Ve yıkılacağı önce
Bilinmez.
Sırlar doğdukları yerde
Daha da sırlanırken
İnsana açmazlar mucizeyi.
İnsana açılacak olan
Başka yerlerin
Başka akışıdır.
Ahengi bozulmuş
Alçalmış ve yükselmiş.

were tired of shadows.
And Adam appeared
Adam comes
in wonder.
He makes a face of wonder
and takes us from the garden,
from God's hand.
Nobody knows
the first valley
and nameless cities waiting,
which first to be built
which to be destroyed.
Secrets where they are born
don't reveal the miracle to humans
remaining still more secret.
What will be open to humans
is a different flow
from other places.
Harmony lost
too high or too low.

IV
TIGER STRIPES
KAPLANLARIN ÇİZGİLERİ

KAPLANLARIN ÇİZGİLERİ

Kaplanların çizgileri karıştı sonunda
Gözlerini kısan
Ve gökyüzüne nehrin ötesinden bakan çocuğun
Gözünde
Karıştı çizgiler.
O çocuk orada göğsünden kalbi alınmış halde
Uyuyor.
Nehir kıyısında bir çocuk
Adı Peygamber olan.
Meleklerin Allah'la onun boş göğsü arasında
Harf taşımasını izliyor.
Karışıyor çizgiler
Melekler inip çıkarken
Çocuğun uykusu Allaha o kadar yakın.
Bir kara deliğin ölüm sesinden söz ediyorlar.
Ne büyük bir şiir
Diyorum ben.
Kâinatın derinliğinden bize ulaşan ses
Ölümündür.
Hayatın mı yoksa?
Ya vazgeçişinse?
Ne büyük bir istek çizgileri karıştıran
Kaplanların sırtında.
Karıştık işte sonunda
Kâinattan gelen ses
Ve kaplanların çizgileri
Adı Peygamber olan çocuğun
Nehir kıyısındaki uykusunda
Karıştık birbirimize.
Ve o,

TIGER STRIPES

At last the tiger stripes mingled
stripes mingled
in the eye of the child
on the far side of the river
as he looked at the sky
half-closing his eyes.
That child sleeps there
his heart removed from his breast
a child on the river-bank
his name the Prophet.
He watches angels carrying the letter
between his empty breast and Allah.
Stripes mingle
while angels come and go
the child's sleep so close to Allah.
They speak of a black hole's
voice of death.
What a grand poem
I say.
The voice that reaches us from the depths of the cosmos
belongs to death.
Or is it to life?
Or renunciation?
On the backs of tigers
what a great desire mingles their stripes.
So in the end we mingled
mingled with each other
in the sleep by the river-bank
of the child
whose name was the Prophet,
with the tiger stripes
and the voice of the cosmos.
And he

Kara deliklerin ölümünü bilmiyor daha.
Bilmiyor nehir kıyısında bir çocuğun
Yüreği çalınmış halde uyumakta olduğunu.
Kara deliklerin ölümüne üzülüyor o
Üzülüyor ölüme hâlâ.
Ve çocuk
Göğsünden kalbi alınmış halde uyuyor.
Nehir kıyısında
Bizi her şeyin kıyısına çağırır gibi
Uyuyor.
Kaplanların çizgileri karıştı sonunda
Sadece senin ve benim bakışım değil
Çook ötelerden duyulan ışık
Adını koydu gecenin.
Ve o öylece nehir kıyısında uyudu.
Başka bir yerin haritasını
Gören çocuğun gözünde
Bir orman yandı.
Adı peygamber olan
Çocuğun uykusunda karıştı
Tüm eski hayvanlar.
O çocuk suya düşmemekle
İnsanlığa bir şey öğretecek olsa
Tam o anda inip yükselen meleklerden
Söz edecek.
Allahla o nehir arasında
Açılan göğsü çocuğun.
Kalpsiz bırakılması.
Ne çok göründü melekler
Kanat seslerinden yorulan yer
Bir boşluk açtığında
Oraya dolan masumiyet değildir artık.

doesn't yet know of the death of the black holes.
The child on the river-bank,
his heart stolen from his breast
doesn't know he's still asleep.
He grieves for the death of the black holes
it's death he still grieves for.
And the child
sleeps with his heart stolen from his breast.
On the river-bank he sleeps
as though calling us to the banks of all things
he sleeps.
In the end the tiger stripes mingled.
Not only your look and mine
but the light felt from afar
gave night its name.
And so he slept on the river-bank.
In the eye of the child
who saw the map of a different place
a forest burned.
All the animals of old
mingled in the sleep of the child
whose name is the Prophet.
If the child would teach mankind a lesson
by not falling into the river
at that moment he'll speak
of angels rising and falling.
Between the river and Allah
what is revealed
is the child's breast
open without a heart.
So many angels appeared
when a void opened up,
a space exhausted with wing-beats.

Kalbi alınmış bir çocuk
Gökyüzüne bakarken
Kanatların ağırlaştığını görür
Ve karışan çizgileri
Ve kaplanlar ona bakmakla
Kaplan olur.

TÜLLERİN KARDEŞLİĞİ

Aynı doğumu yaşayan iki ruh
Aynı karında bir tülle ayrılan.
Aradığımız bu dünyada
Bir penceredir belki de
Bir tülün dünyadan koruduğu bir oda.
Fısıltılar bana ulaştı
Parmakların geçti parmaklarıma.
Bir gölgeden fazlası aramızda
Bir ruh
Tanışması hiç bitmeyecek bir ruh.
Bak ellerime
Parmaklarım nasıl da hatırlıyor
Sadece bakmakla var olmayan aşk
Tüllere sarındığında
Karıştı nehirde akmakta olan zaman.
Biz ne zaman büyüdük
Perde ne zaman çekildi aramızdan
Ve ne zaman anladın rüzgarın

But it's not innocence that fills it now.
A child whose heart is stolen away
looks at the sky
and sees wings growing heavy
and stripes that mingle,
and the tigers who look at him
become one tiger.

KINSHIP OF GAUZE

Twin souls living the same birth
parted by gauze in the same womb.
What we seek in this world
is a window and perhaps
a room protected from the world
by a curtain of gauze.
Whispers reached me.
Our hands clasped.
Between us more than a shadow
a soul
whose knowledge of the other never ends.
See my hands
how my fingers recall
love that was not, exists just by looking
and wrapped in gauze
time that flows in the river changed.
When did we grow?
When was the curtain between us withdrawn?
And when did you know that the wind

Solumakta olduğumuz ortak ruh olduğunu.
O odada daha fazla kalma
Demiştim.
Surların ve taşların beklediği bir kalptir
Nihayetinde.
Onda soluyacak
Ona akacak olan.
Senin adım atışında açılan duvarlar
Gökyüzünü değil
Rüzgarı gösterdi.
Senin yürüdüğün gece
Yoksulluğun bir kayıp olmadığını söyledi
Ve dağıldı tüller.
Ve ben aynı karında büyüdüğüm
Gözleri gördüm
Kardeşliğin yüzyılını
Tüllerin görünür kıldığı kardeşliğin
Parmakların.
Daha fazlasını isterdim.
Bizi büyütmeyen ev ve ülkeden
Çok daha fazlasını beklerdim.

ETEKLERİN ZAMANI

Şimdi elimi kaldıracak gücüm yokken
Uyurum geçer dediğim zaman geride kaldı.

108

is a fellow soul when we breathe?
Don't stay any longer in that room
I said.
In the end
what the walls and stones are waiting for
is a heart
which will breathe within
and flow.
Walls opening at your footstep
revealed not the sky
but the wind.
The night you walked in, said
that poverty meant no loss
and the veils dispersed.
In the same womb where I grew
I saw eyes
a century of kinship appeared
kinship made visible by clasped hands
and gauze.
I wanted far more.
I had hoped for much more
from the home and the country
that failed to nurture us.

THE TIME OF SKIRTS

Now when I have no strength to raise my hand
time that I said 'will pass when I sleep'
is left behind.

Hiçbir şey geçirmez.
Yorganı başıma çekip ağlamak
Birlikte ağlamak değildi.
Yalnızım işte.
Taşlardan ve Tanrı'dan söz eden o adam
Bir kız kardeş bulmuş kendine
Beyaz etekleri sevinçle havalanan bir kız kardeş.
Ben etekleri hatırlıyorum
Bir kıvrımı azaldığında mutsuz eden etekleri
Ve pabuçları
Kırmızı olan.
O etekleri tutan ellerle dokunuyorum
Şiire.
Havalansın diye kelimeler
Anneme yalvarıyorum.
Anne diyorum
Biraz daha uzun tutsak kumaşı
Bir kıvrımı daha olsa diyorum
Hani bahar geliyor belli olmaz.
Annem kumaşı alıp zamanı sarmalar gibi
Koyduğu sandıktan
Açıyor önümüze.
Bana kız kardeş olmak bağışlanacak olan
O eteklikle
Hani kolları ve ayakları olmayan o bebekle
Uyuduğum gece
Beni izlerken bulmuştum onları.
Rüyamda bir yengecin kolları ve ayakları
Bana bakarken görmüştüm
Görmüşlerdi beni onu sarmalarken.
Sonra eteklerin kumaşları açıldı
Tutamadık zamanı böylece.

Nothing will make it pass.
Pulling the blanket over my head and crying
was not crying together.
I am alone.
That man who spoke of the stones and God
has found himself a sister,
a sister whose white skirts fly with joy.
I remember the skirts
the unhappiness caused by a missing pleat
and the slippers
which were red.
With the hands holding those skirts
I touch poetry.
Let words be airborne
I entreat my mother.
'Mother', I say,
'Suppose we lengthen the cloth
to one more pleat?
After all, spring's on the way.'

From the chest where she laid it
as though she had wrapped up time
my mother spreads the cloth before us.
The night I'd be given the gift of sisterhood
with that skirt,
that night I slept with the armless legless doll
I found them watching me.
I saw in my dream
a crab's arms and legs
watching.
They watched me wrapping it up.
Then the stuff of the skirt spread open
we couldn't halt time like that.

111

Bir yüzyıl açılmış gibi önümüzde
Çocukluğa veda edip yaşlandık.
Susanna Moodie'nin ve Patti'nin etekleri
Ve bütün babaannelerin
Dağlardan inerken kız kardeşleriyle
Hep birbirine benziyordu.

Bizim gecikmiş yüzyılımız
Ateşi ve toprağı açarken
En fazla taşla kıyılıyordu.
Ayakların sürüklediği
Ve ayazın
Benzetiyordu etekleri birbirine.
Anneme yalvardım
Anne n'olur uzun tutalım etekleri
Böylece uykumuzda nehri geçen ceylanlar
Böylece ülkesini kaybeden kadınlar
Sonsuz birer yolcu olur.

SENİN GECEN

I

Senin gecen
Senin kokun
Yaratmak için
Biriktirdiğin her şey.
Şimdi masanda bekliyor.
Açlık konmuş adı sanki.

Before us a century unrolled,
goodbye to our childhood and we grew old.
Skirts of Susanna Moodie and Patti
and of all the grannies
who came down from the mountains with their sisters
were all alike.

Our century was delayed
while it unfolded fire and earth
it was hurt far more by stones.
The dragging feet
and the chill
made all skirts alike.
I begged my mother
'Mother, let's keep them long
so in our sleep the gazelles that cross the river
and the women who lose their country
become, each one, the eternal traveller.'

YOUR NIGHT

I

All you amassed
to create
your smell
your night
now waits on your desk.
It's called hunger.

113

Tesadüflerin sakladığı bir hakikat
Kemiren
Sen yine de çek perdeleri
Odana tümüyle dolsun bensizlik.

II

Senin gecen
Senin zamanın
Ve seçtiğin göz.
Nereden bakıyor bize?

KUZEY KAPISI

Sen çek yine de perdeleri
Benim uçuşum
Bir uçuş değil
Varış da değil nihayetinde.
Orada bekleyen kimdir?
Taş bir avlu
Bir şadırvan
Bir nehrin akıp gittiği tarih.
Sadece geçmiş olmayan zaman.
Bir cami avlusunda güneşi durduran
İhtiyarlardan söz etmiştin
Ellerinde küçük taşlarla
Tüm eski inanışları toparlayan adamlardan.

A gnawing truth
concealed by chance
draw the curtains again
let my absence completely fill your room.

II

Your night
your time
and your discerning eye
looks at us
from where?

THE NORTH GATE

Anyway open the curtains
this flight of mine
is not a flight
or in the end an arrival.
Who's waiting there?
A stone courtyard
a fountain
history a river flowing away.
Only time which hasn't yet passed.
You spoke of the old ones
who stopped the sun in a mosque courtyard
of the men who gathered all the old beliefs
with little stones in their hands.

115

Olacak mı yine?
Parmaklara çizgileri çeken zaman
Kalpte neleri açar?
Sadece soru sormak isterdim.
Çünkü cevaplar senin uykunda büyüyor.
Habersiz gelmek ve açmak
İsterdim perdelerini.
Bir bakış
Bir el sallama
Bizim ülkemizde her şeydi.
Bizim ülkemizde ne cennetten taraçalar
Ne de mükafat vardı.
Karanlıkta küçük bir kızın
Aklını kurcalayan varlık bilgisi
Hep yaşandı.
Ay doğduğunda bir gece sormuştum
Diyor.
İnsan neden var?
Ve sen sulardan ve Âdem'den söz ettin
Diyor bana.
Hangisine inanıyorsun dediğimde
Âdem'e elbette demişti.
Sulardan gelse de
Başlangıçta hep o var.
Karanlık oluyor ve varlık dolduruyor evi.
Ben perdeleri çekiyorum
Büzülerek sokuluyor yanıma
Gözden ibaret.
Az önce bir adam
Babasını ülkesine gömmüş
Aynı tabutta yatarak
Kabuslar görüyor.
Ama ihtiyarlar yaklaştığında başlayan

Will it happen again?
Time that draws lines on fingers
what will that open in the heart?
I wish I'd asked only questions.
For answers grow in your sleep.
I wish I'd come unexpected
and opened your curtains.
In our country
a look
a wave of the hand
means the world.
In our country are no terraces of paradise
no rewards.
And always what lived and fretted away
at a little girl's mind in the dark
was knowing about existence.
She says
'I asked one night when the moon came up,
Why do human beings exist?
You've spoken of water and Adam.'
When I asked which she believed
'In Adam of course' she said.
'Even if he comes from water
he's always there from the beginning.
It grows dark and existence fills the house.
I draw the curtains
she curls up close
all one big eye.
A while ago a man
buried his father in his country
and lying in the same coffin
he has nightmares.
But when the old ones approach

İyiliktir yine de.
Ellerin artan çizgileridir başlayacak olan.
Ne kadar kızıl bir ülke diyorum
Denize uzak mı yakın mı?
Küçük kız 'sanmam' diyor.
Bak koklayabiliyor musun?
Âdem'den ve insandan başka kimsede
Olmayan bir kokudan söz ediyor sonra.
'masasında onun bekliyordu, gördün sen' diyor.
Denize uzak bozkırda yol alıyorum ben
Küçük kız uyuyor
Rüyasında varlık ve Âdem.
Karanlık uzak mı uzak ona.
Senin perdelerin neleri saklıyor
Ben bozkırı geçerken bekleyen avlu
Neleri hazırlıyor
Ve sen hangi kapısından gireceksin şehrin
Güneye bakan kapıdan mı
Ama sen kuzey derdin.
Kuzey kapısından şehrin nasıl
Kırılmadan ve kalbin incinmeden
Nasıl geçeceksin?

İŞARETLER

Ve bizi bekleyen küçük işaretler
İnsanın dünyaya çizdiği
Yukardan bakınca

goodness begins.
What will begin are lines increasing on their hands.
'What a red country,' I say
'Are we near the sea or far?'
'I don't think so' says the little girl.
'Can you smell it?'
Then she speaks of a smell
that belongs only to Adam and human beings.
'It was waiting on his table. You saw it' she says.
I make my way through the desert far from the sea.
The little girl sleeps
she dreams of existence and Adam.
Darkness is far and far from her.
What things your curtains hide
as I cross the desert the courtyard waits
and what things it prepares
and through which gate will you enter the city
from the gate looking south?
But you would say north.
How will you pass through the city's north gate
without your heart being broken and bruised
how will you enter?

SIGNS

Little signs
that man draws on the world
as he looks from above
await us.

Bir saban izi
Tek gözlü bir öküzün biçimlediği
Yalan durmuyor hiç.
Küçük bir işaret işte
Toprağın dünyaya konu olduğu
Küçük bir bahçe.
Yalnız ağaçlar da yok artık
Ormanı çoktan geçtik.
Bozkır
Tepelerin deniz isteğini sayıklar gibi
Dalgalanıyor.
Dünya biz yukardayken
Allah'a uzak mı
Yakın mı?
Derdim ben
Ama cevaplar her zaman
Aşağıdadır.

HATIRLAMA

Nehri takip eden adam
Gece
Atlı
Geride bıraktıklarını düşünür
Ve yüzünü sikkeler üzerindeki
Artık hatırlamadığı.

A furrow
ploughed by a one-eyed ox
the lie never stops.
And a little sign
where some earth becomes a subject for the world,
a little garden
only now there are no more trees
we passed the forest long ago.
Dreaming of the hills desire for the sea
the steppe
undulates.
When we're up above
is the world
far from God
or near?
I asked
but the answers are always
below.

REMEMBERING

The man
on horseback
following the river
at night
thinks of all he left behind
and his owl face on the coins
is now what he can't remember.

İRİSLERİN BİLDİĞİ

Üç küçük çocuğun
Kollarını açıp etrafında dönmesi kadar
Dediğinde sen,
Anlattığın sevgiden fazlasıdır.
Şimdi sonbahar
Seninle yol almak,bir geçidin belleği
Tarihin
İsteğin
Kırılacak boyutu sesin
Aşk olacak.
O geçitte sınanan isteğimiz değil sadece.
Oluşumuz.
Aynada bakılan gözbebekleri
İrislerin bildiği, aklın bildiğinden çok.
Benzemesi renklerin
Ve biçimin
Gözbebeğim dediğin an
Gözbebeğim.
Nasıl da benziyoruz
Budur belki de açıklayacak olan.
Bir neden aranacaksa
İrislerin tamamlandığı çocukluk
Ve tasarlandığı geçmiş.
O geçmişte bir çizgi
Karıştırdı hayatımızı.
Kaplanların karıştığı gibi tıpkı.
Kaplanlara bakarken
Parmakların bir renk çiziyordu.
Koordinatların belirsizliğinde
Oluşan kalbim.
Çekimdi adı.
Senin göğsünle kolların arasında
Ezilmeyi bekleyen.

WHAT THE IRIS KNOWS

When you told
of the three little children
who opened their arms and circled around you
your story was of more than love.
Now in autumn
memory of a journey made with you,
of history,
of desire,
the dimension of sound will be broken,
there will be love.
Not only did that journey test our desire
but our being.
The pupil seen in the mirror,
the iris, knows much more than the mind.
There's resemblance of colours
and shape,
and the moment you say 'apple of my eye'
I am it.
How alike we are.
Perhaps there's an explanation,
if reason is needed
in the childhood completed by the iris
and the sketch of the past.
A line drawn in the past
stirred up our life
just as the tigers confused us.
While you observed the tigers
your fingers were painting a colour.
And in the coordinates of uncertainty
my heart was taking shape.
Its name was attraction.
Waiting to be crushed
between your arms and your breast.

Nasıl anlatacaksam parmaklarını
Nasıl anlatacaksam.

BUĞDAYLAR KESİLDİĞİNDE

Bir yuvadan gece gitmenin direği
Okşamanın.
Senin etrafında dönüyordum o gece
Demenin.
Buğdayları okşayan el hatırlıyor.
Senin etrafında dönmek
Bir adın çıkması ağızdan
Adların zikri.
Olmuyor işte
Yan yana uzanmakla karışmıyor çocukluk.
Benim yüküm bana ait
Tıpkı yağmurun yağması gibi şimdi
İstanbul'a, şu ana yağması yağmurun
Ve senin orada uyuman.
Senin bağlantıda olduğun dünya tıpkı uykuda.
Üzerimi örtüp gitmiştin
Karda kurtlara yem olmak
Geceye.

Masmavi bir ışık
Yağmur şimdi boğazda.
Bir şair ellerden söz ediyor
Ellerin bildiği şiirden
Kavradığı elin

How can I tell of your fingers
how can I?

WHEN THE WHEAT IS CUT

Your leaving home at night
caressing its pillar
speaking
of that night I was turning around you.
The hand that caresses the wheat remembers
circling you
a name uttered from a mouth.
Names carry memory.
Childhood is not about lying side by side
that's not how it is.
My burden belongs to me
like the shower of rain now falling
on Istanbul, rain falling on that moment
and you sleeping there.
In a sleep like the world you're tied to.
You covered me up and departed
in snow to be prey to wolves
and the night.

A deep blue light
rain now over the straits.
A poet speaks of hands
of the poetry your hands knew
your hand that understood

Bir sütun
Siyah ev.
Dönmekte olan kâinattır seninle
Fısıldanan oluştur.
Buğdaylar kesildiğinde
Görünecek olan artık
Yalnızlık değil
Rızktır payımıza düşen.

OLUŞ

Güllerin zamanı
Ve sonbaharın
Toz çoktan karıştı kemiklere
Ve kâinat dindi.
Oluş
Yuvada başlayan ve bitmeyen.
Yeni kelimeler çağırmalıydı seni
Tozun düzeni göstermeliydi olacakları
Ve uzak kalmanı.

HUZURUN SABAHI

Öncesi var.
Huzurun sabahı
Ve güllerin
Ve fıskıyelerin.

126

a pillar
a dark house.
Circling with you is the cosmos
whispers of being.
When the wheat is cut
what will appear from now on
is not loneliness
but the daily bread that falls to our lot.

BEING

Time of roses
and autumn
long ago dust mingled with bones
and the universe ceased.
Being
beginning in the home and never-ending.
New words were to summon you
a pattern of dust to show things to come
and you remaining afar.

PEACEFUL MORNING

A time before time
a morning of peace
of roses
and fountains.

Ve yaratılmışların
Gecikmiş olanın
Karşılanması
Alaca sabahta
Uykunun elinden onu kurtarmakla oldu.
Böylece kollar
Bir heykelin gövdesinden uzaklaşıp
İnsanı buldu.
İstendi.
Kelimeden daha fazla
Hak edilmiş olan
Aşk oldu.

SÖYLENMEYEN

Söylenmeyen annenin gizlenmesidir.
Bir haznede beklemesidir annenin
Alınıp götürülmesi
Ve öfkeye konu olmasıdır.
Unutmuştum diyor
Sana anlatılanlardan da fazla beklenen.
Şimdi aramızda usuldan kurulan bağ
Ötelerden bir biçimi çağırıyor.
Kaybolsan da sen
Bakışın hep var.
Duruyor bakışın kâinatın ilerlemesinde
Durmasında belki de kâinatın bir karar.
Senin bakışındır.

A meeting
of the creatures
of the latecomer
rescued from the hand of sleep
in the dappled dawn.
So arms
moved away from a statue's body
and found a human.
Desired.
What was deserved
far more than words
was love.

UNTOLD

What goes untold is concealment of the mother.
The mother's waiting in an empty space
the mother banished
to become the subject of anger.
I had forgotten she says
there's more to tell than what you've been told.
Now the bond forged between us by time
calls up a form from afar.
If you get lost
there's always the power of your look.
In the onward motion of creation
your look remains.
Its remaining perhaps a law of nature.
A look that belongs to you.

129

ESKİ

Bu kutsallık.
Taşları gördün.
Nasıl geçiyorlarsa birbirlerine
Öylece geçiyorum ben de.
Vücudum bir şekil alıyor
Ve anlamıyorum
Ne kadarı eski
Ne kadarı bu günden.
Bir kaplan gibi yürüdüğümü söylüyor o.
Halbuki içindeyim kaplanın
Bakışında
Çizgilerinde.
İnsanın insandan kaçışı su gibi olur
Başka bir toprakta izi kalan.
Üç kapıdan söz eden
Bolluktan ve kötülükten
Hangisi gelir bilinmez önce
Sezgisi de insanın yetmez olur.

AD'DAN ÖNCE

Ve akşam
Onun akşamı
Beklenenin
Çağrısı duyulmamış olanın.
Gelecek ve kâinatın gölgelerinden
Kurtaracak ruhu.
İnsandan alıp Tanrıya kavuşturacak.

OLD

This holiness.
You've seen the stones.
The way they fit together
is my way too.
My body takes on a shape
and I don't understand
how much is old
how much is today's.
He says I walk like a tiger
but I'm in the tiger,
in his way of looking,
and in his stripes.
A person's flight from another is like water
that leaves a trace on different earth.
Speaking of the three gates
nobody knows
which came first,
abundance or evil
and human intuition is never enough.

BEFORE THE NAME

And evening
eve of the one awaited
whose cry was unheard
will come and rescue the soul
from shadows of the cosmos
taking from man and delivering to God.
Such holiness

Bu kutsallık
Adı konsa
Olmayacak olan bu.
Addan önce de
Vardı
Ruhu bir başlangıç saymanın öncesinde de.
Hep vardı.
Işık ve kusurun bilgisinden
Ve kuzeyin
Ve kapıların
Hep vardı.
Şimdi çağrısı sürüyor.
Dalgalara bakmaktan yorulmuş gözlerin ışığı
Zamanın tamamladığı
Eksik bıraktıklarını mı yoksa?
Zamanın tamamladıklarını taşırız
Kalan kader ve rızktır.

Şimdi senden önce başlayan
Her acının üstesinden gelmek
Senin acılarına bakmakla olacak.
Yaşadığın her şey
Bu güne varmak içinse
Bu an'a
Ona.
Tamamlanmak bir hayat ister.
Yanımızda dolaştırdığımız olmayan suretler
Boşluğu acıtan
Beklenen.
Ama biçimine kavuşmamış henüz
Yüzler.
O yüz geldiğinde bir aydınlanma

if named
will cease to be.
It existed
before the name,
was already there
before the soul was reckoned the beginning.
From the knowledge of light and error,
of the north,
of gates,
always there.
Now its cry continues.
The light of eyes tired of watching the waves
which time has completed
or couldn't complete.
We carry time's completions.
What's left is fate and our daily bread.

Now what begins before you
over and above all, suffering
will come about by looking at your pain.
Everything you've lived
was in order to reach this day
this moment
Him.
Completion requires a life.
Verses that don't yet exist
that we carry along with us
hurt the void,
which waits.
But there are faces
that still haven't found their form.
A face comes
and illuminates

Çocukluğa giden
Anların toplamı.

Bir dağ yolunda rastladığın yaşlı adam
... Ben anlıyorum seni. Dağların üzerinde beliren
Kaybolan adımlarını
Görüyorum... dediğinde
Ağlatır.
Gecikmiştir ama ne fark eder
Taşların ve bozkırın bildiğinden
Fazlasını bilmese de ihtiyar
Bir sestir.
Doğadaki belirsizliğin içinde
Ruhu dayanak yapan bir soluk.
... Ben anlıyorum seni
İzliyorum... diyen.
Bir çift göz
Şimdi hatırlamakla beni ağlatan
Evin karanlığı
Ya da üzümleri ağzına götüren bir ağzın
Parıltısı
Beni zamana açan
Ve doyurmayan bir türlü.
Senin zamanın başladı böylece.
Sebebin başladı sonunda.

Olman
Olana şükran duyman için
Ruh hazırlandı
Beden?

a collection of moments
that reach back to childhood.

The old man you met on a mountain path
when you heard him say
'I understand.
I see on the mountains
your lost footsteps appearing'
it made you weep.
Too late but no matter
even if the old one doesn't know
more than stones and the steppe
he is a voice.
A breath
in nature's uncertainty,
making soul a support
and saying
'I know you and I follow.'
A pair of eyes
making me weep now to remember
the darkness of home
or the gleam
of a mouth that welcomes the grapes
that open me to time
but are never enough.
Your time began so.
And finally the reason began
for your being.

The soul was made ready
for you to feel thanks
for what is.
And the body?

TİK TAK

Tik tak'ların adım seslerine dönüşmesi
Ya da adımların zaman olması şimdi.
Bu siyah avluda
Dünyayı unutan kalbin
Kendi anına çekilmesi öyle kolay
Öyle hiç...
Ama yine de var bir hatırlama.
Yuva ve ölümün ağırlığı
Bahçeye muhakkak eklenir.

... gece

Tik taklar zaman olmadan önce
Ruhtu...

SENİN BIRAKILMAN

Lütuf ya da yük değil artık
Bir göğün bırakılması gibi
Senin bırakılman.
Ve genişliği bozkırın
Bozkırda eksik kalan yaratılma.
Dua et ve ağla şimdi
Çünkü bana ulaşır ağlaman
Ve acın.
Çünkü çok derin bir yerinde varlığımın
Sana ait bir damar
Büyümektedir.

TICK TOCK

Tick tocks becoming the sound of footsteps
and now footsteps becoming time.
So easy
in this dark courtyard
the withdrawal of the heart that forgets the world
for its own moment.
So nothing…
Yet still there's a memory.
Home and the weight of death
is surely added to the garden.

…night

Before tick tocks became time
was the soul…

ABANDONED

Burden or grace no more.
You were deserted
like a sky abandoned.
The spaciousness of the steppe
and creation missing in the steppe.
Now pray and weep
for your weeping will reach me
and your pain.
In a very deep place of my being
a vein that belongs to you
is growing.

Çünkü adı eski olandır
Addır.
Konmuştur bir kez
Varlıktır.
Ve son bir bakıştır
Anlatacak olan.
Hiç olmamış
Ve hayal sanılan
Kanıtlanmıştır bir kez.
Geride sayılar...

YUVA

Bir ev
Konuşma evimiz
Bozkırın
Ve taşların evi.
Ölümün ve zalim babanın
Baba oluşunun.
Kayaların toprağa gömülü varlığı neyse
Bizim için o olan bir ev.
Bir gece ateş yakılacak
Ve uğultudan etekleri dalgalanan bir kadın
Varlığı belleyecek bir eli
Bir bakışı hayatı sanacak.
Şimdi senden gitmenin sabahı
Yaşanmamış sayılacak.
Günlerden ve gecelerden gitmen

For its name
is that which is old.
It is the name.
Once given
it is being.
And what will tell the story
is a last look.
What was once thought a dream
and never existed
has finally been proved.
What's left behind are numbers...

HOME

A house
our home where we talk
a house of stone
and the steppe.
Of death and the tyrant father
of the father becoming a father.
A home which is just for us
like rocks whose being is rooted deep in earth.
One night a fire will be lit
and a woman, her skirt undulating in the sighing wind,
will learn a gaze is her whole life
a hand is her being.
Now the morning of leaving you
will be as though never lived.
Your parting from days and nights

O eve varman.
Hatırla
Sendin balçık ve tozla
Duvarlarını ören evimizin.
Ellerin ellerin olduğunda
Başlayan sorular hiç bitmedi.
An?dedin
Yara?sonra
An nedir?
Seninle benim aramda dağlar oluşabilir
Dediğimde inanmadın.
Ama bak oluşuyor işte.
Bozkır bitiyor ve başlıyor dağlar
Acı başlıyor.
Beraber bir geçmişe ağladığımızda
Giden bir kız kardeşin ardından
Atılan taşlar
Kavuşmak içinse
O gecedir.
Bizden alınan bir kız kardeşin
İçimizde açtığı
Dönecektir elbette
Ve bitmeyecektir.
Hiç görülmemiş bir hesap
Zaman boyunca süren
Bizi ağlattığında
Büyümüşüzdür artık.
Adı konmuştur
Bakışlardan önce.
Bizden istenen güçlü olmamızdır
Cesarettir bizden beklenen.
An dediğinde sen
Tüm anlardan önce

your arriving at that house.
Remember
you were the one who wove the walls of our home
with mud and dust.
When your hands were your own
questions began and never ended
'A moment', you asked
'What's a moment?'
then 'Does it hurt?'
Mountains can rise between you and me
when I said so you didn't believe,
but look how they grow.
The steppe ends and mountains begin
sorrow begins.
It's the night
when we wept together for our past
when a sister departed
and stones were cast
to ensure we'd meet again.
What a sister taken from us
has opened up in our hearts
will certainly return and never end.
An event unresolved
lasting through all time.
When it makes us cry
we know
we're already grown up.
Before you can even look
it's acquired a name.
Now we must be strong
what's expected of us is courage.
When you speak of a moment
before all moments

Tekrarlanacak olan oluştur.

Babanın zalim oluşu
Ve kanlar içinde uyuman senin
Uyanman.
Kanlar içinde bırakılman o gecede.
Ne içindir?
Bu güne varmak
Bu güne varmak
Zaman için sonsuz sayıda olan anlardan
Bir anda
Bakman
Ölüm gibi.
Ve korku gelir sonra.
Bırakmanın
Bırakılmanın korkusu gelir.
Beni bırakma dedin
Beni tut derdim ben.
Tut beni.

what must be repeated is the becoming.

A father becoming a tyrant
your sleeping in blood
your waking.
That night you were left in blood.
For what reason?
To arrive at this day
this very day
your looking
like death
in one moment
of those countless moments in time
and then came fear.
Fear of leaving
fear of being abandoned.
Don't leave me you said
hold me close I wanted to say
hold me.

BIOGRAPHICAL NOTES

BEJAN MATUR was born in Pazarcık, the district of Kahramanmaraş (Kurdistan) in 1968. She finished middle and high school education in Gaziantep and then graduated from the Faculty of Law at Ankara University. In 1997, she received Halil Kocagöz Award and Orhan Murat Anburnu Poem Award for her first book *Rüzgâr Dolu Konaklar*.

Her poems have been published in many poetry magazines such as *Adam Sanat*, *Defter*, *Ekin Belleten* and *Yazıt* magazine. In 2004, a selection of her poems was published by Arc Publications in England under the title *The Temple of a Patient God*; the same book was published in German and French by PHI in Luxembourg in 2006 as *Winddurchuwehte Herren-hauser*.

Bejan Matur is the founder of Diyarbakır Culture and Art Foundation, which was established in 2008. Currently, she devotes all her time to writing poetry, and occasionally contributes to an internet journal and newspapers.

RUTH CHRISTIE was born and educated in Scotland, and after graduating from the University of St. Andrews taught English for two years in Turkey, later studying Turkish language and literature at London University. For several years she taught English literature to American undergraduates resident in London. With Saliha Paker she translated a Turkish novel by Latife Tekin (Marion Boyars, 1993) and, in collaboration with Richard McKane, a selection of the poems of Oktay Rifat (Rockingham Press, 1993), and a major collection of Nâzim Hikmet's poetry, again with Richard McKane, was published by Anvil Press in 2002. In 2004, *In the Temple of a Patient God*, her translations from the Turkish of Bejan Matur, was published by Arc in its 'Visible Poets' series.

Recent translations include a major collection *Poems of Oktay Rifat* with Richard McKane (Anvil Press, 2007), which was shortlisted for the 2011 Popescu poetry prize. In 2008, in collaboration with Selçuk Berilgen, a translation of Selçuk Altun's novel *Songs My Mother Never Taught Me* was published by Telegram.

SELÇUK BERILGEN was born in Canada to Turkish parents. He was educated in Turkey and holds a BSc in Mechanical Engineering from Middle East Technical University, Ankara. Following graduation, he moved to Toronto, then to New York and, since 1994, has lived in London. He has worked extensively as a translator and interpreter for various organisations and, since 2003, as a group therapist for torture survivors. He holds an MA in Working with Groups from the Tavistock Institute, London.

His translations include Feyyaz Kayacan's *Shelter Stories* (Rockingham, 2007) and *Songs My Mother Never Taught Me* by Selcuk Altun (Telegram, 2008), both with Ruth Christie; he has also collaborated with Christie on Bejan Matur's book of poems and photographs *Sea of Fate* (Timas, 2010) and her poem 'Infinity's Watchman' published in *Reflections on Islamic Art* (Qatar Museum 2011).